17 MAI 1876

AF298355

CATALOGUE

D'ESTAMPES ANCIENNES

DE TOUTES LES ÉCOLES

PORTRAITS

PAR TH. DE LEU, NANTEUIL, MORIN, VAN SCHUPPEN, WIERIX
ET AUTRES

BELLE RÉUNION DE PORTRAITS

DE LOUIS XVI ET MARIE-ANTOINETTE

Composant la belle Collection de feu M. L.

DONT LA VENTE AUX ENCHÈRES PUBLIQUES AURA LIEU

HOTEL DROUOT, SALLE N° 6

Au premier étage

Le Mercredi 17 Mai et les trois jours suivants

A UNE HEURE ET DEMIE PRÉCISE

Par le ministère de Me **BOULLAND**, Commissaire-Priseur,
26, rue Neuve-des-Petits-Champs;

Assisté de **M. CLEMENT**, Marchand d'Estampes de la Bibliothèque Nationale,
3, rue des Saints-Pères.

EXPOSITION PUBLIQUE, le Mardi 16 Mai 1876,

DE DEUX HEURES A CINQ HEURES.

PARIS — 1876

CONDITIONS DE LA VENTE.

La vente sera faite au comptant.

Les acquéreurs payeront cinq pour cent en sus des enchères.

L'Expert chargé de la vente se réserve la faculté de rassembler ou de diviser les lots.

ORDRE DES VACATIONS

Le Mercredi 17 Mai 1876.........	N^{os}	1 à 230
Le Jeudi 18 —	....	231 à 472
Le Vendredi 19 —	....	473 à 714
Le Samedi 20 —	....	715 à la fin.

Paris.—Typ. PILLET fils aîné, 5, rue des Grands-Augustins.

DÉSIGNATION

ESTAMPES ANCIENNES

ALBERTI (Ch.).

1. Les Israélites sortant d'Egypte, et emportant avec eux les
vases d'or et d'argent que les Egyptiens leur avaient prê-
tés, d'après l'olydore de Caravage (B. 5).
   Très-belle épreuve du premier état.

2. Le pape Grégoire XIII (B. 122).
   Superbe épreuve portant au verso, la signature de P. Mariette. 1660.

ALDEGRAVER (Henri).

3. Les deux vieillards convaincus de faux témoignage par le
jeune David (B. 32). — Jésus-Christ à la croix, 1553 (B. 49).
Deux pièces.
   Bonnes épreuves.

4. La Vierge debout, 1553 (B. 50).
   Très-belle épreuve.

ANONYME.

5. Les mois de l'année, avec l'image de tous les saints pour
chaque journée; in-folio en largeur. Pièce curieuse et
rare.

ANONYME du xviiᵉ siècle.

6. Ames historiées des jésuites pour les forfaits en tout genre dont ils sont capables. Pièce satyrique avec légende.

AQUILA (Pietro).

7. Sainte Famille, ou saint Jean baise le pied de l'enfant Jésus (Le Blanc, 21). Pièce gravée à l'eau-forte.

   Très-belle épreuve.

BARBARY (J. de), dit le maître ou caducée.

8. La sainte Famille. B. 4.

   Belle épreuve.

BASSE (William).

9. Nymphe et satyres. Pièce gravée à l'eau-forte.

   Très-belle épreuve.

BAZZICALUVE (H.), imitateur de Callot.

10. La halte (Meaume, 1379).

   Très-belle épreuve.

BEATRIZET (Nicolas).

11. La mort de Méléagre, d'après Perino del Vaga (B. 41).

   Très-belle épreuve.

12. Les soldats romains combattant contre les Daces, gravé d'après un bas-relief antique de l'arc de Constantin (B. 94).

   Superbe épreuve.

BEHAM (H.-S.).

13. Adam et Eve, 1543 (B. 6).

   Très-belle épreuve. Collection Arozarena.

14. Jésus-Christ et la Samaritaine (B. 24).

   Superbe épreuve avec une petite marge.

BEHAM (H.-S.).

15. Tête de Christ, 1520 (B. 28).

Très-belle épreuve. Rare. Collection Arozarena.

16. Saint Antoine l'ermite, 1521 (B. 64).

Très-belle épreuve.

17. La patience, 1540 (B. 138).

Très-belle épreuve.

BERGHEM (Nicolas).

18. La vache qui pisse (B. 2).

Très-belle épreuve du deuxième état, avant l'adresse de F. de Witt. Elle a de la marge.

19. Les trois vaches au repos (B. 3).

Superbe et rare épreuve avant le nom du maître. Elle a de la marge.

20. Le joueur de cornemuse. Pièce connue sous le nom du Diamant (B. 4).

Très-belle épreuve.

21. Le pâtre jouant du flageolet (B. 6).

Très-belle épreuve avant le numéro.

22. Le pâtre causant avec une femme (B. 7).

Superbe épreuve. Rare.

BLOEMAERT (C.).

23. La sainte Famille, dite la Vierge aux lunettes, d'après A. Carrache.

Très-belle épreuve avant l'adresse de Ja. Jacobus de Rubeis, etc. à la suite du mot : Licentia. Elle a de la marge. Collection Archinto.

BOISSIEU (J.-J. de).

24. Un pâtre et un taureau traversant une rivière, d'après J. Ruisdael (B. 138).

Très-belle épreuve.

BOL (Ferdinand).

25. Portrait de femme dans un ovale (B. 15).

Très-belle épreuve.

BONASONE (J.).

26. La Vierge assise, vue de profil, et ayant sur ses genoux l'enfant Jésus qui la regarde, en mettant un anneau au doigt de sainte Catherine qui est à genoux devant lui, d'après le Parmesan (B. 47).

Très-belle épreuve.

27. La sainte Vierge assise à terre, au pied d'un arbre, allaitant l'enfant Jésus, d'après le Titien (B. 67).

Très-belle épreuve portant au verso la signature de P. Mariette 1673.

28. Le lever du soleil représenté d'une manière poétique (B. 99).

Superbe épreuve portant au verso la signature de Mariette 1668.

29. Calypso tâchant par ses caresses de retenir Ulysse dans son île (B. 171).

Très-belle épreuve.

30. Raphaël d'Urbin en buste, vu de face (B. 347).

Superbe épreuve.

BOTH (J.).

31. Le grand arbre (B. 3).

Très-belle épreuve avec l'adresse de Matham, plus une épreuve avec l'adresse effacée. Deux pièces.

BOUT (Pierre).

32. Le traîneau (B. 3).

Très-belle épreuve.

BRY (J.-Th.).

33. Les noces d'Isaac et de Rebecca, d'après Peruzzi. Pièce en forme de frise.

Superbe épreuve.

34. Le triomphe de Jésus-Christ, d'après le Titien.

Très-belle épreuve du premier état, avant le nom du peintre.

35. La même estampe.

Très-belle épreuve du même état avec une petite marge.

36. La fête de village, d'après Hans Sebald Beham.

Très-belle épreuve.

37. Dessin d'une coupe ornementée; au milieu, le bain de Sardanapale.

Superbe épreuve.

BREENBERG (BARTHOLOMÉE).

38. Les satyres (B. 20).

Très-belle épreuve, Collection Arozarena.

CALLOT (JACQUES).

39. La Passion de Notre-Seigneur (M. 12-18). Suite de sept estampes.

Superbes épreuves du premier état, à l'exception de la première qui se rencontre quelquefois avant l'inscription.

40. Le titre et quelques pièces de la Passion (M. 31 à 36.)— L'Annonciation (73). Les hommages du petit saint Jean (93). Six pièces.

Très-belles épreuves.

41. La vie de la sainte Vierge (M. 76-89).

Très-belles épreuves du première état avant les numéros.

42. La tentation de saint Antoine (M. 139).

Très-belle épreuve du premier état, avec le mot Vot au commencement du 4e vers. Extrêmement rare.

CALLOT. (J.).

43. Les martyrs du Japon (M. 155).

Très-belle épreuve du premier état.

44. Les supplices (M. 665).

Superbe épreuve du premier état. La tour du milieu, vers la gauche, et la petite statue de la Vierge à l'angle de la rue du fond à droite, sont très-distinctes.

45. Les deux grandes vues de Paris (M. 713-714).

Très-belles épreuves avant le nom d'Israël Silvestre et avant que la marge du cuivre dans le bas ait été coupée. Elles ont de la marge.

CAMPAGNOLA (J.).

46. Ganymède (B. 5), Gal. 6, gravé très-probablement d'après Mantegna.

Magnifique épreuve d'une pièce charmante et rare. Collection Kallé.

CANALETTI (Ant.).

47. Sa Giustina in pra della Vale. Eau-forte en largeur.

Superbe épreuve avant le numéro.

CARRACHE (Aug.).

48. Saint François en extase, d'après Fr. Vanni (B. 67).

Très-belle épreuve.

49. La sainte Vierge, saint Jérôme et sainte Madeleine, d'après le Corrége (B. 95).

Bonne épreuve.

50. Pan dompté par l'Amour (B. 116).

Très-belle épreuve.

51. Vénus accompagnée des amours, portée sur la mer par des dauphins (B. 129).

Belle épreuve.

CARRACHE (Annibal).

52. Saint François d'Assise (B. 15).

Très-belle épreuve.

CLAAS (ALBERT).

53. Sainte Famille; deux anges couronnent la Vierge.

Superbe épreuve d'une belle pièce non décrite par Bartsh. Collection Arozarena.

CORT (CORNEILLE).

54. La sainte Vierge assise au bord d'une fontaine avec l'Enfant Jésus et saint Joseph, d'après F. Barocci.

Très belle épreuve, portant au verso la signature de P. Mariette 1648.

COYPEL (NOEL).

55. La Vierge et l'enfant Jésus (R. D. 1).

Très-belle épreuve du premier état, avant le nom du maître.

DU JARDIN (CARLE).

56. Le berger derrière l'arbre (B. 23).

Superbe épreuve avant le numéro.

57. Le champ de bataille (B. 28).

Superbe épreuve avant le numéro.

58. Le mulet aux clochettes (B. 29).

Superbe épreuve avant le numéro, plus une épreuve avec.

59. Le bœuf debout et le veau couché (B. 30).

Superbe épreuve avant le numéro.

DURER (ALBERT).

60. Adam et Eve (B. 1).

Superbe épreuve tirée sur papier à la tête de bœuf. Elle a une petite marge.

61. La Nativité (B. 2).

Très-belle épreuve.

62. La Passion de Jésus-Christ, suite de seize estampes (B. 3-18).

Superbes épreuves.

DURER (ALBERT).

63. Jésus-Christ expirant sur la croix (B. 24).
Bonne épreuve.

64. Sainte Anne et la jeune Vierge (B. 29).
Superbe épreuve.

65. La Vierge aux cheveux longs liés avec une bandelette (B. 30).
Magnifique épreuve. Très-rare.

66. La Vierge à la couronne d'étoiles (B. 31).
Superbe épreuve, manque de fraîcheur.

67. La Vierge à la couronne d'étoiles et au sceptre (B. 32).
Superbe épreuve.

68. La Vierge aux cheveux courts liés avec une bandelette (B. 33).
Magnifique épreuve.

69. La Vierge allaitant l'enfant Jésus (B. 34).
Très-belle épreuve portant au verso la signature de P. Mariette 1667.

70. La Vierge assise, embrassant l'enfant Jésus (B. 35).
Magnifique épreuve avec une petite marge. Collection Dreux.

71. La Vierge donnant le sein à l'enfant Jésus (B. 36).
Superbe épreuve avec une petite marge.

72. La Vierge couronnée par un ange (B. 37).
Magnifique épreuve avec marge. Elle porte au verso la signature de P. Mariette 1650.

73. La Vierge avec l'enfant Jésus emmaillotté (B. 38).
Magnifique épreuve avec une petite marge; elle porte au verso la signature de P. Mariette 1670. Collection Dreux.

74. La Vierge couronnée par deux anges (B. 39).
Superbe épreuve.

DURER (ALBERT).

75. La Vierge assise au pied d'une muraille (B. 40).

Magnifique épreuve avec marge.

76. La Vierge à la poire (B. 41).

Magnifique épreuve. Collection Debois.

77. La Vierge au singe (B. 42).

Magnifique épreuve.

78. La sainte Famille (B. 43).

Belle épreuve avant la retouche.

79. La sainte Famille au papillon (B. 44).

Très-belle épreuve. Au verso se trouve une épreuve très-faible de la Mélancolie.

80. La Vierge à la porte (B. 45).

Epreuve manquant de conservation.

81. Les cinq disciples de Jésus-Christ. Suite de cinq estampes (B. 46-50).

Superbes épreuves d'une même égalité de tirage. Deux portent au verso la signature de P. Mariette.

82. Saint Paul (B. 50).

Superbe épreuve portant au verso la signature de P. Mariette 1667.

83. Saint Georges à cheval (B. 54).

Très-belle épreuve.

84. Saint Eustache ou saint Hubert (B. 57).

Très-belle épreuve d'une belle conservation.

85. Saint Antoine (B. 58).

Très-belle épreuve.

86. Saint Jérôme dans sa cellule (B. 60).

Superbe épreuve.

DURER (ALBERT).

87. Saint Jérôme en pénitence (B. 61).
Très-belle épreuve avec une petite marge.

88. Apollon et Diane (B. 68).
Superbe épreuve. Collection Harach.

89. La famille du satyre (B. 69).
Très-belle épreuve.

90. L'enlèvement d'Amymone (B. 71).
Superbe épreuve.

91. Le groupe des quatre femmes nues (B. 75).
Très-belle épreuve avec une belle marge.

92. Les offres d'amour (B. 93).
Magnifique épreuve avec une petite marge rajoutée.

93. Les armoiries à la tête de mort (B. 101).
Très-belle épreuve.

94. Philippe Mélanchton (B. 105).
Belle épreuve.

95. L'Annonciation (B. 83 des gravures sur bois).
Ancienne épreuve.

DYCK (ANT. VAN).

96. Le Christ au roseau.
Magnifique épreuve du premier état, avant les mots « et fecit aqua forti » après le nom de Van-Dyck, et avant le mot « regis, » après « cum privilegio. » Elle a une petite marge.

97. Le Titien et sa maîtresse, d'après le Titien.
Superbe épreuve du premier état avant l'adresse de Bon Enfant.

EDELINCK (G.).

98. La sainte Famille, d'après Raphaël (R. D. 4).
Superbe épreuve avant les armes de l'abbé Colbert, qui postérieurement ont été placées au bas du milieu du sujet et qui ensuite ont été effacées.

EDELINCK (G.).

99. L'ostensoir (R. D. 18).

Très-belle épreuve.

GELLÉE (Claude), dit le Lorrain.

100. La danse au bord de l'eau (R. D. 6).

Superbe épreuve.

101. Le bouvier (R. D. 8).

Très-belle épreuve.

102. Le dessinateur (R. D. 9).

Très-belle épreuve avec le numéro.

103. Le soleil couchant (R. D. 15).

Magnifique et très-rare épreuve du deuxième état, avant le nom du maître et avant le numéro. Elle a une petite marge. Le premier état est à l'eau-forte pure et considéré comme unique.

104. Le troupeau en marche par un temps orageux (R. D. 18).

Superbe épreuve du deuxième état, avant les traits croisés de pointe que l'on voit au ciel, au milieu de l'estampe entre l'une des montagnes de la gauche et la grosse tour ronde de la droite. Le premier état est à l'eau-forte pure.

105. Le Temps, Apollon et les Saisons (R. D. 20).

Superbe épreuve du deuxième état, le trait carré du haut est très-finement indiqué. Le premier état est avant l'inscription dans la marge du bas. Collection Esdaile et Arozarena.

GHISI (G.).

106. La sainte Vierge saluant sainte Elisabeth à qui elle vient rendre visite, d'après François Salviati (B. 1).

Superbe épreuve.

107. Vénus embrassant Adonis au retour de la chasse, d'après Th. Ghisi (B. 42).

Très-belle épreuve.

GOLTZIUS (H.).

108. Jésus-Christ adoré par les mages qui lui apportent des présents (B. 22).

Très-belle épreuve.

GOLTZIUS (H.).

109. Portrait de Noël de La Faille, célèbre commandant au siége d'Anvers 1588. — Portrait de Cornelia Capellen, sa femme. Deux portraits faisant pendants (B. 212 et 213).
Superbes épreuves.

GOURMONT (JEAN DE).

110. Le massacre des innocents (B. 2, t. IX, p. 143). R. D. 3, t. VII. p. 21.
Superbe épreupe avec de grandes marges. Collections de Férol. Maulas et Alferoff. Très-rare.

HOLLAR (W.).

111. Albert Durer, d'après lui-même. In-fol.
Très-belle épreuve.

HOPFER (D.).

112. Martin Luther (B. 86).
Très-belle épreuve.

KILIAN (LUCAS).

113. L'assomption de la Vierge, d'après Rotenhamer. In-fol.
Belle épreuve.

KRUG (LOUIS).

114. L'adoration des rois (B. 2).
Superbe et ancienne épreuve. Collection Debois.

LE BLOND (M.).

115. Les armoiries d'Albert Durer.
Très-belle épreuve avec marge.

LE FEVRE (V.).

116. Vénus endormie dans un paysage, d'après Titien.
Très-belle épreuve.

LEYDE (Lucas de).

117. Dieu défendant à Adam et Eve de toucher au fruit de l'arbre de vie que l'on voit au devant de la gauche (B. 2).
Très-belle épreuve. Collection Debois.

118. L'histoire de Joseph. Suite de cinq estampes (B. 19-23).
Très-belles épreuves.

119. Dalila coupant les cheveux de Samson (B. 25).
Très-belle épreuve.

120. Le baptême de Jésus-Christ (B. 40).
Superbe épreuve portant au verso la signature de P. Mariette, 1693.

121. Le Calvaire (B. 74).
Belle épreuve du premier état, avec l'année écrite à rebours.

122. La Vierge avec l'enfant Jésus assise dans un paysage (B. 84).
Superbe épreuve, portant au verso la signature de P. Mariette, 1605.

123. Saint-Pierre et saint Paul (B. 106).
Très-belle épreuve.

LOCHON (R.).

124. La sainte Vierge dite de saint Luc.
Très-belle épreuve.

LOLI (Laurent).

125. La sainte Vierge avec l'enfant Jésus, d'après J. A. Sirani (B. 2).
Très-belle épreuve.

LORCH (Melchior).

126. Portrait d'Albert Durer, 1550 (B. 10).
Belle épreuve.

LORCH (M.).

127. Martin Luther ; il est représenté écrivant dans un livre placé sur un pupitre (B. 12).
Superbe épreuve.

LUTMA (J. le fils).

128. Portrait de J. Lutma le père, gravé à l'eau-forte.
Très-belle épreuve,

MAIR.

129. La nativité (B. 4).
Superbe épreuve d'une estampe de la plus grande rareté.

Maître anonyme allemand du XVᵉ siècle.

130. Jésus Christ et la Samaritaine (B. t. x, p. 9, n° 16).
Très-belle épreuve. Rare.

131. La Trinité (B. t. x, p. 35, n° 68).
Très-belle épreuve avec marge. Rare.

DÉ (le Maître au).

132. La sainte Trinité, d'après Raphaël (B. 10).
Belle épreuve.

Maître au Monogramme J. B.

133. Martin Luther, 1530 (B. 9).
Très-belle épreuve, plus un portrait du même personnage, gravé à l'eau-forte.

MAROT (J.).

134. Les églises et hôtels de Paris. Douze pièces.
Très-belles épreuves.

MECKEN (Israel de).

135. L'annonciation (B. 34).
Superbe épreuve. Rare.

136. La chanteuse et le joueur de guitare (B. 174).
Superbe épreuve. Rare.

MOLENAER (J. Miense).

137. Les débauchés (B. 1).

Très-belle épreuve du premier état. Rare.

MONTAGNA (Benoît).

138. La Vierge à mi-corps (B. 7).

Très-belle épreuve.

MORIN, OUDRY.

139. La Vierge de douleur (R. D. 17). — Nature morte. — L'ange gardien conduisant un enfant, par J. Mariette. Trois pièces.

Belles épreuves.

OSTADE (Adrien van).

140. Les pêcheurs (B. 26).

Très-belle épreuve.

141. Le marchand de lunettes (B. 29).

Très-belle épreuve avec la bordure faible. Collection W. Esdaile.

142. L'homme conversant avec la femme (B. 37).

Très-belle épreuve du deuxième état.

142 bis. La famille (B. 46).

Superbe épreuve du deuxième état, avec la bordure faible.

PENCZ (George).

143. L'histoire de Joseph. Suite de quatre estampes (B. 9-12).

Très-belles épreuves. Collection du comte de Fries.

144. Mutius Scevola se brûlant la main droite en présence de Porsenna (B. 74). — Régulus renfermé par les Cartha-ginois dans un tonneau garni de clous et roulé de dessus une montagne (B. 77). Deux pièces.

Belles épreuves.

PERELLE (A.).

145. Vues de Paris. Douze pièces dont plusieurs rares, avant la lettre.

> Très-belles épreuves, plus trois plans et vues de Paris, par Merian.

PONTIUS (PAUL).

146. Daniel Segers, célèbre peintre de fleurs, d'après Sivens.

> Très-belle épreuve avec l'adresse de Martin Vanden Enden.

POTTER (PAUL).

147. Différents bœufs et vaches. Suite de huit estampes (B. 1 à 8).

> Superbes épreuves avant que les travaux dans les parties ombrées aient été repris au burin et avant que l'adresse ait été effacée et remplacée par celle de de Witt. Collection Galichon.

148. Le taureau (B. 1).

> Très-belle épreuve avec l'adresse de Clément de Jonghe. Collection du Lasalle.

149. Le vacher (B. 14).

> Très-belle épreuve tirée sur papier à la folie.

150. Le berger (B. 15).

> Très-belle épreuve du troisième état, avec l'adresse de Clément de Jonghe.

RAIMONDI (MARC-ANTOINE).

151. Adam et Eve, d'après Raphaël (B. 1).

> Belle épreuve de l'une des plus belles pièces et des plus rarés de l'œuvre de Marc-Antoine.

152. Joseph et la femme de Putiphar, d'après Raphaël (B. 9).

> Superbe épreuve. Très-rare de cette qualité.

153. La nativité, d'après Jules Romain, par Augustin Vénitien (B. 17).

> Très-belle épreuve.

RAIMONDI.

154. Le massacre des innocents, d'après Raphaël. Pièce dite au chicot (B. 18).

Superbe épreuve ayant subi quelques restaurations.

155. Jésus-Christ à table chez Simon le pharisien, d'après Raphaël (B. 23).

Très-belle épreuve avant le pavé sur le parquet. Manque de conservation.

156. La cène, d'après Raphaël (B. 26).

Superbe épreuve d'une conservation parfaite, Collection de Janzé.

157. La descente de croix, d'après Raphaël (B. 32).

Très-belle épreuve d'une estampe rare.

158. La Vierge pleurant le corps mort de Jésus-Christ, d'après Raphaël (B. 35).

Belle épreuve. Collection Debois.

159. Jésus-Christ dans le tombeau, d'après Raphaël (B. 36).

Très-belle épreuve. Rare.

160. Saint Paul prêchant à Athènes, d'après Raphaël (B. 44).

Superbe épreuve. Deux coins sont un peu restaurés.

161. Notre-Dame à l'escalier, d'après Raphaël (B. 45).

Très-belle épreuve.

162. La Vierge assise sur les nues, d'après Raphaël (B. 47).

Magnifique épreuve.

163. La Vierge à la longue cuisse, d'après Raphaël (B. 57).

Très-belle épreuve.

164. La Vierge au palmier, d'après Raphaël (B. 62).

Très-belle épreuve.

165. La pièce dite des cinq saints, d'après Raphaël (B. 113).

Superbe épreuve, Collection Galichon.

RAIMONDI.

166. Sainte Cécile, d'après Raphaël (B. 116).

Superbe épreuve mais ayant subi quelques restaurations

167. Le martyre de sainte Félicité, d'après Raphaël (B. 117).

Très-belle épreuve du premier état, avant que l'oreille de la Sainte ait été découverte. Elle a une petite marge.

168. La sibylle de Cumes, d'après Raphaël, par Augustin Vénitien (B. 123).

Superbe épreuve.

169. Marche de Silène, d'après J. Romain, d'après Raphaël (B. 240).

Très-belle épreuve.

170. Le jugement de Paris, d'après Raphaël (B. 245).

Très-belle épreuve où l'on aperçoit encore les traces très-apparentes de la pierre ponce sur les terrains.

171. Le Parnasse, d'après Raphaël (B. 247).

Magnifique épreuve, d'une conservation parfaite, avec un filet de marge tout au tour de la planche. Collections de Valois, Révil, de Lasalle et Dreux.

172. Trajan entre la Ville de Rome et la Victoire, d'après l'un des bas-reliefs de l'arc de Constantin (B. 361).

Très-belle épreuve.

173. La foi, d'après Raphaël (B. 387).

Superbe épreuve. Collection Galichon.

174. La peste, d'après Raphaël (B. 417).

Très-belle épreuve.

175. Le grimpeur montant sur le rivage, d'après Michel-Ange (B. 488).

Très-belle épreuve d'une parfaite conservation.

176. La cassolette, d'après Raphaël (B. 489).

Très-belle épreuve. Très-rare.

REMBRANDT (P. van Rhyn).

177. Portrait de Rembrandt tenant un sabre (B. 18), Cl. 18, C. B. 231.

    Très-belle épreuve.

178. Portrait de Rembrandt au bonnet orné d'une plume (B. 20), Cl. 20, C. B. 233.

    Superbe épreuve.

179. Portrait de Rembrandt appuyé (B. 21), Cl. 21, C. B. 234.

    Superbe épreuve du deuxième état.

180. Jacob pleurant la mort de son fils Joseph (B. 38), Cl. 42, C. B. 10.

    Très-belle épreuve.

181. Le triomphe de Mardochée (B. 40), Cl. 44, C. B. 12.

    Superbe épreuve, chargée de barbes. Collection Camberlyn.

182. Jésus-Christ prêchant, ou la petite tombe (B. 67), Cl. 71, C. B. 39.

    Très-belle épreuve avant que les travaux à la pointe-sèche aient été ébarbés; l'homme coiffé d'un turban, debout sur le devant à gauche, a le bras droit et le vêtement fort poussés au noir.

183. Jésus-Christ chassant les vendeurs du temple (B. 69), Cl. 73, C. B. 44.

    Très-belle épreuve du premier état.

184. La Samaritaine (B. 71), Cl. 75, C. B. 46.

    Très-belle épreuve.

185. Jésus-Christ en croix (B. 80), Cl. 85, C. B. 55.

    Très-belle épreuve.

186. La mort de la Vierge (B. 99), Cl. 102, C. B. 70.

    Très-belle épreuve.

187. Saint Jérôme (B. 101), Cl. 104.

    Très-belle épreuve.

REMBRANDT (VAN RHYN).

188. L'homme au lait (B. 243), Cl. 210, C. B. 310.
Superbe épreuve avec petite marge.

189. Le paysage aux trois chaumières (217), Cl. 214, C. B. 318.
Superbe épreuve du troisième état.

190. Le paysage à la tour carrée (B. 218), Cl. 215, C. B. 319.
Superbe épreuve portant au verso la signature de P. Mariette 1672.

191. Le paysage au dessinateur (B. 219), Cl. 216, C. B. 320.
Superbe épreuve. Collection Kalle.

192. Le paysage à la tour (B. 223), Cl. 320, C. B. 324.
Superbe épreuve. Collection Bohm et Kalle.

193. La chaumière et la grange à foin (B. 225), Cl. 222, C. B. 327.
Très-belle épreuve.

194. La chaumière au grand arbre (B. 226), Cl. 223, C. B. 326.
Superbe épreuve portant au verso la signature de P. Mariette 1672.

195. La chaumière entourée de planches (B. 232), Cl. 229, C. B. 332.
Superbe épreuve avec une petite marge. Collection Galichon.

196. Le moulin de Rembrandt (B. 233), Cl. 230, C. B. 333.
Superbe épreuve fort chargée de barbes.

197. Le paysage au bateau (B. 236), Cl. 233, C. B. 336.
Superbe épreuve.

198. Portrait de Jean Lutma (B. 276), Cl. 273, C. B. 182.
Très-belle épreuve.

199. Le docteur Faustus (B. 270), Cl. 267, C. B. 84.
Superbe épreuve avant les troisièmes tailles sur le livre à fermoirs que l'on voit à droite. Elle a une petite marge.

REVERDINO (G.).

200. Saint Pierre marchant sur les ondes, d'après Perino del Vago (B. 6).

Superbe épreuve.

RIBERA (J.), dit l'Espagnolet.

201. Saint Jérôme effrayé (B. 4).

Très-belle épreuve portant au verso la signature de P. Mariette 1659.

ROTA (Martin).

202. Le jugement universel, d'après Titien (B. 29).

Superbe épreuve portant au verso la signature de P.-Mariette 1672. Collection Donnadieu.

RUBENS (P.-P.).

203. Sainte Catherine debout sur les nuages.

Superbe épreuve.

RUISDAEL (Jacques).

204. Le petit pont (B. 1).

Bonne épreuve.

SADELER et ROULLET.

205. Saint Pierre tenant le suaire que deux apôtres adorent. — La Vierge, l'enfant Jésus et sainte Claire, d'après Carrache. Deux pièces.

Très-belles épreuves.

SCHMIDT (G.-F.).

206. Portrait d'une dame appelée la princesse d'Orange, d'après Rembrandt.

Très-belle épreuve avec marge.

SCHONGAUER (Martin).

207. La fuite en Egypte (B. 7).

Superbe épreuve. Très-rare de cette qualité.

SCHONGAUER.

208. Le baptême de Jésus-Christ (B. 8).

Très-belle épreuve.

209. Le portement de croix (B. 21).

Superbe épreuve. La partie droite du haut est restaurée. Doublée.

210. Jésus-Christ en croix (B. 23).

Epreuve d'une beauté remarquable. Très-rare de cette qualité. Collection W. Esdaile.

211. Jésus-Christ à la croix (B. 24).

Admirable épreuve d'essai, d'une beauté hors ligne : la tête de mort, qui est placée dans le coin gauche au bas, et le mouchoir de tête de la Vierge sont gravés seulement à la pointe sèche. Cet état n'est décrit nulle part. Collections Esdaile, Marshall et Alferoff.

212. La Vierge debout (B. 27).

Superbe épreuve. Elle est doublée. Rare.

213. La Vierge debout (B. 28).

Très-belle épreuve, un peu rognée.

214. La mort de la Vierge (B. 33).

Très-belle épreuve.

215. Saint Martin (B. 57).

Superbe épreuve.

216. La Vierge sur un trône auprès de Dieu (B. 71).

Superbe épreuve. Collection Arozarena.

217. Dieu couronnant la sainte Vierge (B. 72).

Epreuve de la plus grande beauté. Très-rare de cette qualité.

218. Jeune femme soutenant de ses deux mains un écu au butor (B. 98).

Superbe épreuve.

SILVESTRE (Israel).

219. Les galeries du Louvre. — Vue de la tour de Nesle et du Louvre. — La place Royale et le pont Neuf, par Della Bella. — Plan de Paris, de L. Gautier. Cinq pièces.

Très-belles épreuves.

220. Vue de la tour de Nesle et du Louvre. — Les galeries du Louvre. — Vue de la statue de Henri IV et de l'isle du Palais, etc. Six pièces.

Très-belles épreuves.

STAR (Dirk ou Thiery van), dit le Maître à l'étoile.

221. Saint Bernard adorant l'enfant Jésus, 1524 (B. 8).

Très-belle épreuve. Collection Camberlyn.

TENIERS (David).

222. La fête flamande.

Très-belle épreuve du premier état, avec une petite marge.

223. Paysans tirant au blanc.

Très-belle épreuve du premier état.

ULIET (J.-G. van).

224. Le vendeur de chansons (B. 15), Cl. 15.

Superbe épreuve du premier état avant toute adresse.

VÉNITIEN (Attribué à A.).

225. Le pape Paul III, nu-tête.

Très-belle épreuve se rapportant comme description au n° 521 de Bartsch. Le monogramme ne s'y trouve pas et l'année est 1535 au lieu de 1534.

VORSTERMAN (Lucas).

226. Le Christ mort sur les genoux de la Vierge, d'après Van Dyck.

Superbe épreuve avant la troisième ligne : *Per illustri apud Domino D. Georgio Gagi,* qui se trouve au-dessous des six vers. Très-rare.

WATERLOO (ANTOINE).

227. Vénus et Adonis (B. 129).

Très-belle épreuve.

WIERIX.

228. Adam et Eve, d'après Durer. — La flagellation, d'après Stradan. — Sujet allégorique sur la vie de l'homme, etc. Quatre pièces.

Très-belles épreuves.

WYNGAERDE (F. VAN DEN).

229. Lucas Vorsterman, célèbre graveur, d'après J. Levius, in-fol.

Superbe épreuve.

ZAGEL (MARTIN).

230. Salomon adorant les idoles (B. 1).

Superbe épreuve.

~~~~~~~~~~

PORTRAITS

ADAM (J.).

231. Marie-Louise de Bourbon, infante d'Espagne, d'après Mengs, in-8.

Très-belle épreuve.

AGINCOURT (SEROUX D').

232. Le cardinal de Bernis, petit portr. in-8, gravé à l'eau-forte. — Le même, gravé par A. de Saint-Aubin. Deux pièces.

Très-belles épreuves
~~~~~~~~~~

ALIX (P. M.).

233. Marie-Anne-Charlotte Corday, portrait in-fol. gravé en couleur.

Très-belle épreuve.

234. Pie VII, souverain pontife, gravé en couleur, d'après Wicar.

Très-belle épreuve.

ANONYMES.

235. Anne d'Autriche, en costume de veuve.

Belle épreuve.

236. Paris (François de), diacre de Paris. Deux portraits in-fol. et in-4°.

Belles épreuves.

237. Paris (François de), diacre, représenté entouré des titres de ses ouvrages. — Le même voyageant avec M. Tournus. Deux portraits in-fol.

Belles épreuves.

238. Vair (Guillaume du), garde des sceaux, puis évêque de Lisieux, in-4°.

Très-belle épreuve.

239. Le père Michel Le Tellier, confesseur du roi, in-8.

Belle épreuve.

240. Charles-Michel de Leppée, instituteur des sourds et muets. Portrait in-4°, gravé à l'eau-forte.

Très-belle épreuve. Rare.

241. Robespierre (Maximilien), célèbre révolutionnaire. Petit portrait gravé à la manière du physionotrace et imprimé en couleur.

Superbe épreuve. Rare.

ANONYMES.

242. F.-A. Charette de la Contrie, chef de l'armée royale de la Vendée, in-8.

> Très-belle épreuve.

243. Marie-Anne-Charlotte Corday. Petit portrait in-8, gravé d'après un dessin de l'un des auditeurs de son jugement.

> Très-belle épreuve. Rare.

244. Talleyrand-Périgord (le prince Charles-Maurice de), petit portr. in-8.

> Très-belle épreuve avant toutes lettres.

ANSELIN (J.-L.).

245. Madame la marquise de Pompadour en belle Jardinière, d'après Vanloo.

> Très-belle épreuve.

ANTOINE (Séb.), à Nancy, 1729.

246. Calmet (Dom Augustin), bénédictin de Lorraine, in-fol.

> Très-belle épreuve.

AUBERT.

247. Macé (Joseph), cordelier, d'après De Quoy, in-fol.

AUDRAN (J.).

248. Cherier (Claude), licencié en théologie, d'après Tortebat, in-4°.

> Très-belle épreuve.

249. Bignon (Jean-Paul), abbé de Saint-Quentin, de l'Académie française, d'après Vivien, in-fol.

> Très-belle épreuve.

250. Molière (J.-B. Poquelin de), d'après Mignard, in-8.

> Très-belle épreuve.

AUDRAN (B.).

251. Montfaucon (Bernard de), religieux bénédictin de la Congrégation de Saint Maur, d'après Geuslin, in-fol.

Très-belle épreuve.

252. Rainaud (Paul), prêtre de l'Oratoire, d'après Bonnet, in-fol.

Très-belle épreuve.

253. François de Salignac de La Mothe Fénelon, archevêque de Cambrai, d'après Vivien, in-fol.

Bonne épreuve.

B. AUDRAN et L. MOREAU.

254. Feu (François), curé de Saint-Gervais. — Frassen (Claude), cordelier, docteur en théologie. Deux portraits in-fol.

Très-belles épreuves.

AUDRAN (K.).

255. Joyeuse (le père Ange de), capucin. — Le même, gravé par M. Lasne. Deux portraits in-8.

Très-belles épreuves.

K. AUDRAN et GANTREL.

256. Gallemant (Jacques), docteur en théologie. — J. Garnier, jésuite. Deux portraits in-4° et in-fol.

Très-belles épreuves.

DALECHOU (J.-J.).

257. Linyières (Bertrand-Claude de), jésuite, confesseur du roi en 1736, d'après Aved, in-fol.

Très-belle épreuve avant toutes lettres. Rare.

258. Louis-François Néel de Christot, évêque de Séez, d'après Aved, in-fol.

Très-belle épreuve avec marge.

BALECHOU.

259. Don Philippe, infant d'Espagne, d'après Viali, in-fol.

Très-belle épreuve.

260. Porée (Louis-Charles), jésuite, fameux professeur de
rhétorique à Paris, d'après Meilson, in-fol.

Très-belle épreuve.

261. Marie de Rohan, duchesse de Chevreuse, d'après Ferdinand. — La même, gravée par Le Bert, d'après Dugoure.
Deux portraits in-8.

Très- belles épreuves.

262. Rollin (Charles), recteur de l'université de Paris, d'après
Coypel, in-fol.

Deux très-belles épreuves dont une avant l'adresse dans la marge du bas.

263. Salvador (J. F. de), d'après Sauvan. In-fol.

Belle épreuve.

BARY (H.).

264. Françoise-Louise de la Baume Leblanc, duchesse de La
Valière. In-fol.

Superbe épreuve avec marge.

BAZIN (N.).

265. Grasset (Jean), jésuite, directeur de la congrégation de
Messieurs établie à Paris, d'après Du Mée. In-fol. —
Cordes (Jean de), chanoine de l'église de Limoges, gravé
par Daret. In-8. Deux pièces.

Très-belles épreuves.

266. Madame Helyot. In-fol.

Très-belle épreuve.

267. Larcher (Dom Nicolas), docteur en théologie, abbé de
Cîteaux. In-fol.

Très-belle épreuve.

BEAUVARLET (J.-F.).

268. Bourgogne (Louis-Joseph-Xavier, duc de), d'après Fredou. In-8.

> Très-belle épreuve avec marge.

269. Desmarets (Philippe Onufre), dernier jésuite confesseur du roi, d'après Jouffroy. In-fol.

> Très-belle épreuve.

270. Molière (J.-B. Poquelin de), d'après Bourdon. In-fol.

> Superbe et rare épreuve, avant la lettre et la bordure.

271. Perussault (Silvain), jésuite et confesseur du roi. — Pichault (François-Maurice), aumônier du roi, gravé par un anonyme. Deux portraits in-fol.

> Très-belles épreuves.

BILLETTE (A.).

272. Boucher (Jean), fameux ligueur, curé de Saint-Benoît; mort doyen de Tournai en 1644. In-4°.

> Très-belle épreuve.

BLOEMAERT (C.).

273. Franciscus Perettus, cardinalis Montaltus, in-fol. Plus deux portraits in-8 du cardinal du Peron. Trois pièces.

BLOT (MAURICE).

274. Monseigneur le dauphin et Madame, fille du roi, d'après madame Le Brun. In-fol.

> Très-belle épreuve.

275. Gery (Guillaume de), abbé de Sainte-Geneviève, in-fol.

> Très-belle épreuve avant la lettre.

BOLSWERT, HAINZELMAN.

276. Montgaillard (D. Bernard de), feuillant, abbé d'Orval. In-4°. — Michel Molinos, chef des quiétistes, in-fol. —

A. R. P. Marcus, célèbre capucin, gravé par Amling,
in-fol. Trois portraits.

Très-belles épreuves.

BOLSWERT et VILLAMENA.

277. Bellarmin (Robert), cardinal. Trois portraits dont un
double. In-fol.

Très-belles épreuves.

BOON (Adr.).

278. Sainte-Marthe (Scévole de), président et trésorier général de France en Poitou. Petit portrait rare, gravé en
1579.

Très-belle épreuve.

BOULANGER.

279. Arnaud (la mère Marie-Angélique), et la mère Catherine
Agnès de Saint-Paul, sœur de la précédente, abbesses
de Port-Royal. Deux portraits in-4°, faisant pendants.

Très-belles épreuves.

280. Dom Barthélemy des Martyrs, de l'ordre de Saint-Domi-
nique, archevesque de Bragne en Portugal. In-4°.

Très-belle épreuve.

281. Bus (le vénérable César de), instituteur de la congrégation de la Doctrine chrétienne, in-8. — Le même, gravé
par Dulfos, d'après Sauvan. In-fol. Deux pièces.

Très-belles épreuves.

282. François-Isidore de Haynin, baron d'Hamelincourt. In-
fol.

Très-belle épreuve.

283. La vénérable mère Magdeleine de Saint-Joseph, carmélite
à miracles, in-8. — La vénérable mère Marie-Madeleine
de la Très-sainte-Trinité. In-4°, gravé par Roullet. Deux
portraits.

Belles épreuves.

BOULANGER (J.).

284. Moreau (Etienne), évêque d'Arras en 1656, d'après Bomard.

Belle épreuve.

285. Olier (Jean-Jacques), fondateur et premier supérieur du séminaire de Saint-Sulpice. In-fol.

Très-belle épreuve.

BOUTTATS.

286. Innocent XI, souverain pontife. In-fol.

Très-belle épreuve.

BOUYS (André).

287. Boileau-Despréaux (Nicolas), portrait in-8, gravé en manière noire (R. D. 3).

Très-belle épreuve. Rare.

BOVINET.

288. Madame la comtesse du Barry, petit portrait in-8.

Très-belle épreuve. Marge.

BOYVIN (René).

289. Marot (Clément), poëte français (R. D. 113).

Superbe épreuve. Rare.

CARRACHE (Augustin).

290. Portrait du Titien (B. 154).

CARDON (Ant.).

291. Madame Récamier, d'après Cosway. In-fol.

Très-belle épreuve.

CARS (J.-F.).

292. Corneille (Pierre), célèbre poëte tragique. In-12.

Très-belle épreuve.

CARS.

293. Mademoiselle Legras. — Marie de Jars, demoiselle de Gournay, par Matheus. Deux portraits, in-8.
   Belles épreuves.

294. Jean-François Regis, de la Société de Jésus. In-4°.
   Belle épreuve.

CATHELIN.

295. Charles-Philippe, comte d'Artois, d'après Fredou. — Le même, gravé par Dupin, d'après Desrais. Deux portraits in-fol.
   Belles épreuves.

296. Le même personnage, gravé par Dupin, d'après Hall.
   Très-belle épreuve.

297. Louis-Stanislas-Xavier de France, Monsieur. — Madame J.-Louise de Savoie, Madame. Deux portraits in-fol. faisant pendants, d'après Drouais.
   Très-belles épreuves.

298. Marie-Thérèse de Savoie, comtesse d'Artois, d'après Drouais.
   Très-belle épreuve avant toutes lettres, avec marge.

CHEREAU (F.).

299. Cheron (Elisabeth-Sophie), femme de Jacques le Hay, d'après elle-même. In-fol.
   Très-belle épreuve.

300. Fleury (André-Hercule de), cardinal, d'après Rigaud. In-fol.
   Très-belle épreuve.

CHEREAU (J.) le jeune.

301. Languet de Gergy (Jean-Joseph), curé de Saint-Sulpice

à Paris. — L'abbé Benoît Joseph, de la paroisse Saint-Sulpice à Paris. — Le révérend père Cl. Deligendes, de la Société de Jésus, gravé par Mellan. Trois portraits.

CHEREAU (J.).

302. Marie de Rabutin Chantal, marquise de Sévigné. In-8.
Très-belle épreuve.

303. Le même portrait.
Belle épreuve.

304. Soanen (Jean), évêque de Sénès, d'après Raoux. In-fol.
Très-belle épreuve avec marge.

CHEVILLET.

305. Nicolas de Livry, évêque de Callinique, abbé de Sainte-Colombe, d'après Tocqué. In-fol.
Superbe épreuve avant toutes lettres et avec la tablette blanche.

CLOUET et LUBIN.

306. Ch. Scribanius, de la Société de Jésus, d'après Van-Dyck. — J.-François Senault, général de la congrégation de l'Oratoire. Trois portraits in-fol. dont un double.

COCHIN (Ch.-N.).

307. Eustache Le Sueur, célèbre peintre. In-fol.
Très-belle épreuve.

COLIN (J.).

308. Routier (Pierre), docteur et professeur en droit, chanoine et official de Reims, d'après J. Hilart, in-fol.

COLLAERT Excudit.

309. Stephanus Rabache. — Angelus Rocca. Deux portraits in-8.
Très-belles épreuves.

COSSIN (L.).

310. Gambart (Adrien), prêtre, mort à Paris en odeur de sinteté. In-8.
> Très-belle épreuve.

CROISIER (M.-A.).

311. Claude Fauchet, évêque du Calvados, député à l'Assemblée nationale en 1791, in-4°.
> Très-belle épreuve.

CUNEGO (D.).

312. Bernis (fr. Joachim de pierre, cardinal de), d'après A. Callet. In-fol.
> Très-belle épreuve.

DAULLÉ (J.).

313. Baschy (Charles de), marquis d'Aubais, d'après Péroncau. In-fol.
> Très-belle épreuve.

314. Coffin (Charles), ancien recteur de l'université de Paris, et principal du collège de Beauvais, d'après Fontaine. In-fol.
> Belle épreuve.

315. Galland (Etienne), abbé de Saint-Antoine, d'après Lombard. In-fol.
> Très-belle épreuve.

316. Louis XV, roi de France, d'après Rigaud. In-fol.
> Belle épreuve.

317. Jean Mariette, graveur et libraire, d'après Ant. Pesne. In-fol.
> Très-belle épreuve, avec marge.

318. Le père Martin Pallu, de la Société de Jésus, d'après Nonnotte. Deux portraits, dont un in-fol. et l'autre in-8.
> Très-belles épreuves.

DELEGORGE.

319. Marie de Rabutin-Chantal, marquise de Sévigné, d'après Nanteuil. In-fol.

DELPHE.

320. Charles Ier, roi de la Grande-Bretagne, d'après D. Mytens. In-fol.
Très-belle épreuve.

321. Coligny (Gaspard III, comte de), seigneur de Châtillon, maréchal de France, d'après Mireveld. In-fol.
Très-belle épreuve.

DIVERS.

322. Marion Delorme. — L.-Marie de Lescure, général des armées de la Vendée, etc. Six portraits in-8 et in-fol.

323. Jansenius. — Le R. P. Jean le Jeune, dit l'aveugle. — Ant. Jacquier, etc. Sept portraits.

DREVET (Cl.).

324. Calvairac (Pierre), docteur en théologie, d'après Prieur. In-fol.
Très-belle épreuve. Collection Forster.

325. Vintimille (Ch.-Gaspard Guillaume de), archevêque de Paris, d'après Rigaud. In-fol.
Très-belle épreuve.

326. Charles-Gaspard-Guillaume de Vintimille, archevêque de Paris, d'après Rigaud. In-fol.
Très-belle épreuve.

327. Saint Jean de Dieu, d'après Hallé.
Belle épreuve.

DREVET (P.).

328. Arnauld (messire Antoine), docteur en théologie, d'après
Champaigne le jeune. In-fol.

Très-belle épreuve avec marge.

329. La révérende mère Catherine de Bar, d'après Courtin.
In-fol.

Très-belle épreuve. Rare

330. Beauveau (René-François de), archevêque de Narbonne,
d'après Rigaud.

Superbe épreuve avec marge.

331. Boileau-Despréaux (Nicolas), d'après Rigaud. In-fol.

Superbe épreuve avec marge.

332. Boileau-Despreaux (Nicolas), d'après de Piles. In-fol.

Très-belle épreuve.

333. Le même personnage, d'après de Troy.

Très-belle épreuve.

334. Bourgogne (Charles, duc de), en cuirasse, dans un ovale
posé sur un piédestal, d'après Rigaud. In-fol.

Très-belle épreuve avec marge.

335. Crevant d'Humières (Anne-Louise de), abbesse de
Monchy.

Très-belle épreuve avec marge.

336. Leonardus Delamet, docteur en théologie, d'après Rigaud. In-fol.

Très-belle épreuve.

337. Hideux (Louis), curé de Saint-Innocent, d'après Deles-
crinière.

Très-belle épreuve.

DREVET (P.).

338. La Bruyère (Jean de), de l'Académie française, d'après J. de Saint-Jean. In-8.
Très-belle épreuve.

339. Pini (le révérend père Alexandre), dominicain, d'après Audray.
Très-belle épreuve.

340. Rolin (Marcellin), abbé général de l'ordre des chanoines réguliers de Saint-Ruf, d'après Du Fourneau. In-fol.
Très-belle épreuve. Rare.

DREVET (P.-J.).

341. Loo (Arnoul de), d'après Jouvenet. In-fol.
Très-belle épreuve avec marge.

342. Louis XV, roi de France, dans sa jeunesse, vêtu du manteau royal, d'après Rigaud.
Très-belle épreuve avec marge.

343. Mailly (François, cardinal de), d'après Ch. And. Vanloo. In-fol.
Belle épreuve.

344. Louise-Adelaïde d'Orléans, abbesse de Chelles, d'après Gobert. In-fol.
Très-belle épreuve avec marge.

345. Orléans (Louis, duc d'), d'après Coypel. — Le même, gravé par Daullé. Deux portraits.
Belles épreuves.

346. Orléans (Elisabeth-Charlotte, palatine du Rhin, duchesse d'), d'après Rigaud.
Très-belle épreuve.

DREVET (P.-J.).

347. Fénelon (François de Salignac de La Mothe), d'après Vivien. In-fol.

> Très-belle épreuve, plus deux petits portraits du même personnage par Delaunay et Saint-Aubin.

348. Sainte-Marthe (Dom Denis de), supérieur de la congrégation de Saint-Maur, d'après Cazes.

> Très-belle épreuve avec marge.

349. Monseigneur de Tressan, archevêque de Rouen, à genoux aux pieds de la sainte Vierge, d'après J. B. Vanloo. Pièce connue sous le nom du Grand bréviaire.

> Superbe épreuve avant toutes lettres, avec marge.

350. Le même, gravé pour un petit bréviaire. In-8.

> Très-belle épreuve avant la lettre.

DU CHANGE (G.).

351. Mademoiselle Le Gras, fondatrice et première supérieure de la compagnie des Filles de la Charité, in-fol.

> Très-belle épreuve avec marge.

DUFLOS (Cl.).

352. Le Tellier (Charles-Maurice), archevêque de Reims, d'après Mignard, in-fol.

> Très-belle épreuve avec marge.

353. Tronson (Louis), prêtre et supérieur du séminaire de Saint-Sulpice, d'après N. Guerry, in-fol.

> Très-belle épreuve.

354. Portraits de quelques membres de la famille de Gondy. Quatre pièces.

DUPIN.

355. L'abbé de Voisenon, d'après Cochin, in-8.

> Très-belle épreuve.

EDELINCK (G.).

356. Arnaud (Antoine), d'après Champaigne (R. D. 140).

> Très-belle épreuve du premier état, avant l'adresse de la veuve Chereau.

357. Arnaud (Antoine), docteur de Sorbonne, d'après Champaigne (R. D. 141). — Le même, gravé par Simonneau; in-8.

> Très-belles épreuves.

358. Arnaud d'Andilly (Robert), conseiller d'Etat, d'après Champaigne (R. D. 142).

> Très-belle épreuve du deuxième état.

359. Bertier (Antoine-François de), évêque de Rieux (R. D. 148).

> Très-belle épreuve.

360. Bossuet (Jacques-Bénigne), évêque de Meaux, d'après Rigaud (R. D. 156).

> Très-belle épreuve du premier état.

361. Bourgogne (Louis, petit-fils de France, duc de), d'après De Troy (R. D. 158).

> Superbe et très-rare épreuve du premier état, avant les armes terminées.

362. Bussi (Roger de Rabutin, comte de), lieutenant-général des armées du roi, d'après Le Febvre (R. D. 162).

> Très-belle épreuve.

363. Champagné (Philippe de), peintre du roi et recteur de l'Académie royale de peinture (R. D. 164).

> Très-belle épreuve du premier état, avant le trait échappé sur le ciel et les feuilles, à gauche de la composition; elle a un peu de marge

364. Le même portrait.

> Ancienne épreuve.

EDELINCK (G.).

365. Descartes (René), célèbre philosophe, d'après F. Hals (R. D. 181).

Très-belle épreuve du premier état.

366. Du Vair (Guillaume), évêque de Lisieux et garde des sceaux de France (R. D. 194).

Très-belle épreuve avec marge.

367. Epernon (Anne-Louise-Christine de Foix de La Valette d'), d'après Beaubrun (R. D. 195).

Très-belle épreuve.

368. Faure (Charles), abbé et premier supérieur général de Sainte-Geneviève (R. D. 201).

Très-belle épreuve.

369. Ferdinand, prince-évêque de Paderborn et de Munster, d'après Michelin (R. D. 202).

Très-belle épreuve du premier état.

370. Ferdinand, prince-évêque de Paderborn et de Munster (R. D. 203).

Superbe épreuve du premier état avec marge.

371. Feuillet (Nicolas), chanoine de Saint-Cloud (R. D. 204).

Très-belle épreuve.

372. Fléchier (Esprit), évêque de Lavaur, puis de Nîmes, membre de l'Académie française, d'après Rigaud (R. D. 205).

Très-belle épreuve.

373. Fontaine (Louise-Eugénie de), religieuse (R. D. 208).

Deux belles épreuves dont une avec marge.

EDELINCK (G.).

374. Furetière (Antoine), membre de l'Académie française, d'après de Sève (R. D. 209).
Très-belle épreuve.

375. Helyot (Madame). R. D. 223.
Très-belle épreuve.

376. Huet (Pierre-Daniel), évêque de Soissons, puis d'Avranches, d'après Largillière (R. D. 224).
Très-belle épreuve du premier état.

377. Jean de La Fontaine, de l'Académie française, d'après Rigaud (R. D. 230).
Très-belle épreuve avec marge.

378. Le même portrait. Très-belle copie de la même époque.
Très-belle épreuve avant toutes lettres.

379. Le Brun (Charles), premier peintre du roi et graveur à l'eau-forte (R. D. 238).
Très-belle épreuve.

380. Le Tellier (Charles-Maurice), archevêque de Reims, d'après Mignard (R. D. 245).
Très-belle épreuve.

381. Louis XIV, roi de France (R. D. 248).
Superbe épreuve du premier état, avant toutes lettres. Très-rare. Collection Forster.

382. Louis XIV, roi de France (R. D. 249).
Très-belle épreuve du premier état, avec marge.

383. Louis XIV, roi de France, d'après Watele (R. D. 254).
Très-belle épreuve.

384. Louis XIV, roi de France (R. D. 255).
Très-belle épreuve du premier état.

EDELINCK (G.).

385. Pierre de Marca, archevêque de Paris (R. D. 269). — Santeuil, chanoine de l'abbaye de Saint-Victor de Paris (R. D. 311). Deux portraits.

Belles épreuves.

386. Mascaron (Jules), prêtre de l'Oratoire, célèbre prédicateur, évêque de Tulle, puis d'Agen, d'après Van Schuppen (R. D. 270).

Très-belle épreuve.

387. Miramion (Marie Bonneau, veuve de Jean-Jacques de Beauharnais, seigneur de), d'après de Troy (R. D. 276).

Très-belle épreuve.

388. Moreri (Louis), docteur en théologie, auteur du Dictionnaire portant son nom; d'après de Troy (R. D. 280).

Belle épreuve.

389. Nanteuil (Robert), peintre au pastel et graveur célèbre, d'après lui-même (R. D. 282).

Belle épreuve avec marge.

390. Pascal (Blaise), géomètre, physicien et littérateur célèbre, d'après Desprez (R. D. 290).

Très-belle épreuve.

391. Racine (Jean), de l'Académie française (R. D. 302). — Eustache Le Sueur, gravé par Van Schuppen. Deux pièces.

Belles épreuves.

392. Rigault (Nicolas), garde de la bibliothèque du roi (R. D. 304).

Très-belle épreuve du premier état.

EDELINCK (G.)

393. Saint-Evremond (Charles Marguetel de Saint-Denis de), R. D. 306.

Très-belle épreuve.

394. Sainte-Marthe (Claude de), prêtre, d'après Jouvenet (R. D. 308).

Très-belle épreuve du troisième état.

395. Savary (Mathieu), évêque de Séez, d'après Ferdinand (R. D. 315).

Très-belle épreuve.

396. Silvestre (Israel), dessinateur du cabinet du roi et graveur à l'eau-forte, d'après Le Brun (R. D. 319).

Très-belle épreuve.

397. Le même portrait.

Épreuve imprimée à l'encre rouge.

398. Tressan (Louis de La Vergne-Montenarde), évêque de Vabres, puis du Mans, aumônier de Monsieur (R. D. 330).

Très-belle épreuve.

399. Vassé (Françoise de), prieure du monastère de Saint-Gervais, d'après Largillière (R. D. 334).

Deux très-belles épreuves.

400. Saint Vincent de Paul (R. D. 338).

Superbe épreuve avec marge.

401. Werguignœul (révérende dame Florence de), R. D. 339.

Belle épreuve.

EDELINCK (GÉRARD fr.).

402. François-Ximenès de Cisneros, cardinal, archevêque de Tolède et grand inquisiteur d'Espagne. Deux portraits différents, in-4° et in-8.

Très-belles épreuves.

403. Le même personnage, gravé par Trouvain, in-8.

Très-belle épreuve.

J. EDELINCK, L'ENFANT et autres.

404. La vénérable mère Marie de l'Incarnation, première supérieure des Ursulines de la Nouvelle-France. Quatre portraits différents du même personnage.

Très-belles épreuves.

EDELINCK (N.).

405. Marie de Rabutin-Chantal, marquise de Sévigné, d'après Nanteuil.

Superbe et rare épreuve du premier état avant le trait d'union entre Rabutin et Chantal.

406. Baillet (Adrien), prêtre du diocèse de Beauvais, in-4°.

Très-belle épreuve.

407. Le même portrait. — Le même personnage, gravé par J. Audran, in-fol. Deux portraits.

Belles épreuves.

408. Edelinck (Gérard), célèbre graveur, d'après Tortebat, in-fol.

Très-belle épreuve

409. Malebranche (Nicolas), prêtre de l'Oratoire, grand philosophe, d'après Santerre. In-fol.

Très-belle épreuve avec marge.

FALCK (J.).

410. Christine, reine de Suède, in-fol.

Très-belle épreuve.

FICQUET (ETIENNE).

411. Les Appelans (Faucheux 2).

Très-belle épreuve.

412. Nicolas Boileau-Despréaux (Faucheux 18).

Superbe et rare épreuve du quatrième état, qui est celui décrit. Elle a toute sa marge. TrèsRare.

413. Jacques-Benigne Bossuet, d'après Rigaud (F. 20).

Superbe et rare épreuve du premier état, avant la lettre. Très-rare.

414. Pierre Corneille, d'après C. Lebrun (F. 34).

Très-belle épreuve.

415. Le même portrait.

Très-belle épreuve.

416. René Descartes, d'après F. Hals (f. 39).

Très-belle épreuve.

417. De Lamothe Fénelon, d'après Vivien (f. 58).

Très-belle épreuve du troisième état, avant les noms des artistes.

418. Jean de Lafontaine, de l'Académie française, d'après Rigaud (F. 61).

Superbe épreuve entièrement terminée, avant toutes lettres; avec marge.

419. Le même.

Très-belle épreuve avec la lettre dite au ruisseau blanc.

420. Jean de La Fontaine, de l'Académie française, d'après Rigaud (F. 62).

Superbe et rare épreuve du deuxième état, avant la bordure et avant les tailles horizontales sur la tablette, sous le nom du personnage. Elle a de la marge.

FICQUET (ETIENNE).

421. Le même.

Très-belle épreuve du quatrième état avec la bordure, le titre rétabli en caractères différents dans la tablette couverte de tailles. Les noms des artistes sont remis en dehors de la bordure. Elle a de la marge.

422. Godefroi-Guillaume Leibnitz (F. 87).

Très-belle épreuve.

423. Louis XV, roi de France (F. 91).

Superbe et rare épreuve du premier état, avant le nom de Ficquet; elle a un peu de marge.

424. Françoise d'Aubigné, marquise de Maintenon, d'après Mignard (F. 93, deuxième planche).

Très-belle épreuve sur papier double; elle a de la marge.

425. Jean-Baptiste Poquelin de Molière, d'après Coypel (F. 101).

Superbe épreuve du quatrième état, avant les noms des artistes.

426. Le même portrait.

Très-belle épreuve avec les noms.

427. Michel de Montaigne, d'après Dumoustier (F. 102).

Très-belle épreuve.

428. Jean-François Regnard (F. 122).

Superbe et rare épreuve du troisième état, avant les noms des artistes. Elle a de la marge.

429. Le même portrait.

Très-belle épreuve du même état.

430. Jean-Baptiste Rousseau (F. 131).

Superbe et rare épreuve du deuxième état, avant toutes lettres; la face du socle est couverte d'une seule taille horizontale. Elle a de la marge.

431. Le même portrait.

Superbe épreuve du troisième état, avant toutes lettres; la face du socle est couverte de tailles horizontales et d'une multitude de petits points placés entre elles. Elle a de la marge.

FICQUET (ETIENNE).

432. Jean-Jacques Rousseau (F. 132).

> Superbe épreuve du quatrième état, avant toutes lettres; les ornements sont à l'eau-forte pure. Elle a de la marge.

433. Le même portrait.

> Très-belle épreuve avant les noms des artistes. L'épreuve est entièrement terminée.

434. François-Marie Arouet de Voltaire, d'après de La Tour (F. 162).

> Très-belle épreuve du quatrième état, avec la tablette blanche.

FIRENS (P.).

435. Le portrait du défunct roi Henry le Grand, IIII du nom, roy de France et de Navarre, en son lit de justice, in-4°.

> Superbe épreuve avec une petite marge. Très-rare.

FORESTIER.

436. Bonchamp, chef de l'armée vendéenne.

FROSNE (J.).

437. Pierre de Broussel, conseiller du roy en sa cour de parlement de Paris, in-fol.

> Très-belle épreuve avec marge.

FRANÇOIS (J.-C.).

438. Montillet (Jean-François de), archevêque d'Auch, d'après Roland de la Porte, in-fol.

> Très-belle épreuve.

GALLE (C.).

439. Saint Charles Borromée, in-fol.

> Très-belle épreuve avec marge.

440. Leonardus Lessius, de la Société de Jésus. — P. Laurentius, de la Société de Jésus, gravé par Zylvelt, etc. Trois portraits.

GAILLARD.

441. Beaumont (Christophe de), archevêque de Paris, d'après Chevalier. In-fol.

Très-belle épreuve.

GANTREL (Stephanus).

442. Le révérend père Bernardus. — Christophe Bernard, cardinal, gravé par Clouwet. Deux pièces.

443. Pavillon (Nicolas), évêque d'Alet, in-fol.

Très-belle épreuve.

444. Vergne (Louis de la) Montenard de Tressan, évêque du Mans, in-8.

Très-belle épreuve avec marge.

GAUCHER (Ch.-Et.).

445. Madame la comtesse Du Barry, dans une guirlande de roses, d'après Drouais. In-8.

Belle épreuve.

446. Marie Leczinska, reine de France, représentée dans une guirlande de roses, d'après Nattier. In-8 en largeur.

Superbe épreuve. Très-rare.

447. Malesherbes (Chrétien-Guillaume de Lamoignon), in-8.

Très-belle épreuve.

448. Madame Roland, femme du ministre de l'intérieur, d'après Nicollet. In-8.

Superbe épreuve.

GAUCHER (Genre de).

449. Madame Louise-Marie de France, carmélite de St-Denis, sous le nom de Thérèse de St-Augustin. In-8.

Très-belle épreuve.

GAULTIER (L.).

450. Amyot (Jacques), évêque d'Auxerre, précepteur de François II. In-4°.

Très-belle épreuve avec marge.

451. Effigies D. Thomae Aquinatis. In-folio. — Le même personnage, par un anonyme. In-folio. Deux pièces.

Très-belles épreuves.

452. Besse (Pierre de), docteur en théologie et prédicateur célèbre. In-8.

Très-belle épreuve, signée au verso de P. Mariette 1662.

453. Gondy (Henri de), évêque de Paris. In-8.

Très-belle épreuve.

454. Henri IV à genoux devant un prie-Dieu. — Henri IV et Marie de Médicis en adoration devant la Vierge. Deux pièces.

Très-belles épreuves.

455. Titre de livre avec le portrait d'Henri IV en haut. In-folio.

Très-belle épreuve.

456. Louis XIII et Anne d'Autriche. Deux portraits in-4° en largeur, au milieu d'ornements divers.

Très belles épreuves.

457. Louis XIII, à genoux, rend grâce à Dieu de son couronnement. Pièce rare.

Très-belle épreuve avec texte au verso.

458. Petit (Franciscus), major ac generalis, magister totius ordinis Sanctae Trinitatis, etc. In-4°.

Superbe épreuve.

GAULTIER (Genre de).

459. Charron (Pierre), prêtre et prédicateur, théologal de plusieurs églises. In-8.

Très-belle épreuve avec marge.

GIFFART (P.).

460. Françoise d'Aubigné, marquise de Maintenon. In-folio.

Très-belle épreuve.

GODEFROY (F.).

461. L'abbé Maury. — Gabriel-Nicolas Nivelle, gravé par un anonyme. Deux portraits in-folio.

Belles épreuves.

GOLTZIUS (d'après H.).

462. Juste Lipse, professeur d'histoire à l'Académie de Leyde (B. 209).

Très-belle épreuve de la copie par un anonyme.

GRATELOUP (J.-B. de).

463. J. Bénigne Bossuet, d'après Rigaud (F. 1).

Très-belle épreuve.

464. Jean-Baptiste Rousseau, d'après Aved.

Superbe épreuve.

GRIGNON.

465. Sainte Maure (Charles de), marquis, puis duc de Montansier en 1664, gouverneur de monseigneur le dauphin, d'après Le Febvre. In-fol.

Très-belle épreuve avec marge.

466. Charlotte de Harlay, veuve de monseigneur de Bréaute, carmélite sous le nom de mère Marie de Jésus. In-fol.

Très-belle épreuve.

467. Saint Vincent de Paul, d'après Hérault. In-fol.

Très-belle épreuve avec marge.

GUNST (A.).

468. Bourignon (Antoinette), auteur de traités de spiritualité publiés à Amsterdam. In-4°.

Très-belle épreuve.

HABERT et WEYEN.

469. Bernard (Claude), surnommé le pauvre prêtre. Deux portraits différents. In-8 et in-4.

Très-belles épreuves avec marge.

HURET.

470. Le cardinal de La Rochefoucault. — Martin Luther, par un anonyme. — Van der Linden, de la Société de Jésus, gravé par Bergh, d'après Rubens. Trois pièces.

471. Marie Stuart, reine d'Ecosse. Petit portrait in-8.

Très-belle épreuve.

472. Ventadour (Louis-Hercule de Levis de), évêque de Mirepoix. In-fol.

Très-belle épreuve.

HUMBLOT.

473. Le révérend père François Fernandez, confesseur de la reine Anne d'Autriche. — Le R. P. Escobar, de la Société de Jésus, sans nom d'auteur. — J. Emery, par Massard. Trois portraits in-8 et in-fol.

INGOUF, MOREL, etc.

474. Joseph de Laporte, d'après Pougin de St-Aubin. — H. Du Bertrand, principal de Navarre en 1766. — François Boucher, par Bosse, d'après Roslin. Trois portraits.

Très-belles épreuves.

JOLLAIN (A Paris, chez).

475. Le règne de Louis XV, commencé par la délivrance des

prisonniers d'Etat et le rappel des exilés, le 4 septembre
1715. In-fol. en largeur.

Très-belle épreuve.

KILIAN (Lucas).

476. Durer (Albert), d'après lui-même. Deux portraits de ce
peintre sur la même planche, aux deux côtés d'un monument d'architecture. In-fol.

Superbe épreuve.

477. Le même personnage, en buste. In-fol.

Très-belle épreuve.

LANDRY (P.).

478. Le roy Louis XIV et les reines Marie-Thérèse et Anne
d'Autriche, accompagnés des principaux personnages de
la cour, vouent le dauphin à Notre-Dame-du-Rosaire.
Grande pièce historique très-capitale, d'après Cl. Stella.
Très-rare.

Très-belle épreuve.

479. Henri IV, roi de France. In-4.

Très-belle épreuve.

480. Séraphin (le P.), de Rouen, capucin, fameux prédicateur. In-8.

Belle épreuve.

480 *bis*. Messire Antoine Godeau, de l'Académie française.
Deux états différents. — Le même, gravé par Lubin.
Trois portraits in-fol.

Très-belles épreuves.

LANGLOIS (A Paris, chez).

481. La cérémonie du mariage de monseigneur le duc de
Bourgogne avec madame la princesse de Savoye, dans

la chapelle de Versailles, le 7 décembre 1697. Almanach
pour l'année 1698.

Très-belle épreuve.

LARMESSIN (N. DE).

482. Françoise-Louise de La Baume Le Blanc, duchesse de
La Vallière, en grand costume, dans un ovale orne-
menté. In-fol.

Très-belle épreuve. Rare.

483. Louise-Françoise de La Baume Le Blanc, duchesse de
La Vallière. Deux portraits différents, dont un la repré-
sente en carmélite. In-4.

Très-belles épreuves.

484. Mabileau (Urbain-Augustin), prêtre de l'Oratoire. In-fol.

Très-belle épreuve.

485. Marie, princesse de Pologne, reine de France et de Navarre, en pied, d'après Vanloo. In-fol.

Très-belle épreuve.

LARMESSIN (N. DE) fils.

486. Louis XV, roi de France, d'après Rigaud. In-fol.

Très-belle épreuve avec marge.

LASNE (M.).

487. D. Margarita, D. Austria. Ætatis suæ ano XXVI. In-4.

Superbe épreuve d'un portrait rare.

488. Arnaud (Henri), évêque d'Angers. In-fol. — Le même
en deux portraits différents, in-4 et in-8, publiés chez
Masson et Langlois. Trois pièces.

Très-belles épreuves.

489. Anne d'Autriche III du nom, royne de France et de
Navare, représentée assise dans un fauteuil, en grand costume de cour. In-fol.

Superbe épreuve. Très-rare.

LASNE (M.).

490. Berulle (Pierre de), cardinal. In-fol. — Le même, gravé
par Mariette et Isaac. In-fol. et in-8. Trois pièces.
Belles épreuves.

491. Bourbon (Henri de), duc de Verneuil, évêque de Metz.
In-fol. — Jacobus Doublet. In-4. Deux portraits.
Belles épreuves.

492. Le R. P. Pierre Boyteux, cordelier, provincial de la pro-
vince de France. In-fol.
Belle épreuve.

493. Caussin (Nicolas), jésuite, confesseur de Louis XIII,
plus deux portraits de C. et B. Caietanus, par Bloemart
et K. Audran.
Belles épreuves.

494. Corneille (Pierre), célèbre poëte tragique. Petit portrait
in-12.
Très-belle épreuve.

495. Gondy (Jean-François de), premier archevêque de Paris.
— Le même, par Montcornet. Deux portraits in-8.

496. Louis XIV enfant. In-fol.
Belle épreuve.

497. Marillac (Michel de), chancelier de France. In-fol.
Très-belle épreuve avec marge.

498. Maupas (Henri Cauchon de) du Tour, évêque du Puy,
puis d'Evreux. In-fol. — Muret (Marc-Antoine), poëte et
jurisconsulte, gravé par C. Cort. In-8. Deux pièces.
Très-belles épreuves.

499. Molé (Mathieu), garde des sceaux. In-fol. — Le cardinal
du Perron. — Le même, par G. Edelinck. Trois portraits
in-fol.
Très-belles épreuves.

LASNE (M.).

5.0. Niceron (François), Minime, in-fol. —Mazarin, par Mellan. In-8. — Allégorie sur la B. M. de Mercede, par Hainzelman. Trois pièces.
Belles épreuves.

501. Seguier (Pierre), chancelier de France. In-fol.
Belle épreuve.

502. Seguier (Dominique), premier aumônier du roi, évêque d'Auxerre, puis de Meaux, en 1637. In-fol.
Très-belle épreuve.

503. Sponde (Henry de), évêque de Pamiez. Deux portraits différents. — Le même, gravé par Lubin. Trois pièces.
Très-belles épreuves.

504. Le pape Urbain VIII. —Le même, gravé par Lucas Vorsterman. Deux portraits in-4 et in-8.
Très-belles épreuves.

505. Vaillac (la vénérable mère Gaillote de), dite de Sainte-Anne. Trois portraits différents in-8 et in-fol., dont deux par Cars et Lochon.

506. André du Val, professeur en théologie. Deux portraits in-4 et in-fol.
Belles épreuves.

507. Ysambert (Nicolas), docteur de Sorbonne, professeur royal en théologie. In-fol.
Très-belle épreuve.

LASNE, MELLAN et autres.

508. Etienne Binet, de la Société de Jésus. — Le cardinal Bentivoglio. — Le comte de Saint-Aignan, etc. Quatre portraits.
Très-belles épreuves.

LAUWERS (C.).

509. Vigier (Antoine), père de la Doctrine chrétienne, d'après
Coffiers. In-fol. *3*

   Très-belle épreuve.

LE BEAU.

510. Charles-Philippe, comte d'Artois. — Marie-Thérèse de
Savoie, comtesse d'Artois. Deux portraits in-8, d'après
Ferlinck et Vanloo.

   Superbes épreuves avant les numéros.

511. Madame la comtesse Du Barry, d'après Drouais et Marillier. In-4.

   Très-belle épreuve avec marge.

512. Joseph II, empereur et roi des Romains, père de Marie-
Antoinette. In-4.

   Très-belle épreuve.

513. Louis XV et Marie Leczinska. Deux portraits in-8, gravés en 1774.

   Très-belles épreuves.

514. Marie Leczinska, reine de France, d'après Nattier. In-8.

   Très-belle épreuve.

515. Armand-Thomas Hue, chevalier, marquis de Miromesnil,
garde des sceaux de France en 1774. In-4.

   Superbe épreuve, toute marge.

516. Louis-Jean-Marie de Bourbon, duc de Penthièvre, né à
Rambouillet le 16 novembre 1725. — Louise-Marie-
Thérèse-Bathilde d'Orléans, duchesse de Bourbon, née à
Saint-Cloud le 9 juillet 1750. Deux portraits in-4, faisant
pendants.

   Très-belles épreuves à toutes marges.

LE BEAU.

517. Madame la marquise de Pompadour, d'après Queverdo.
In-4.
    Très-belle épreuve avec marge.

LENFANT (J.).

518. Bonzy (Pierre de), archevêque de Toulouse, cardinal,
d'après Dieu. In-fol.
    Très-belle épreuve.

519. Cambout (Pierre-Arnaud du) de Coislin, premier aumônier du roi et évêque d'Orléans en 1665. D'après
Nanteuil.
    Très-belle épreuve.

520. Harlay (François de) de Chanvalon, archevêque de
Rouen, d'après Champaigne. In-fol.
    Très-belle épreuve.

LÉPICIÉ.

521. Molière (J.-B. Poquelin de), d'après Coypel.
    Superbe et rare épreuve avant toutes lettres.

522. Le même portrait.
    Très-belle épreuve avec une grande marge.

523. Cappronnier (Claude), professeur royal en langue
grecque, d'après Aved. In-fol.
    Très-belle épreuve.

LE ROY.

524. Halley (Pierre), professeur royal en droit canon et premier antécesseur dans l'université de Paris, d'après
Colombele. In-fol.
    Très-belle épreuve.

LEVACHEZ.

525. Louis XVIII, roi de France, d'après Vigneux.— Charles-Philippe, comte d'Artois, d'après Laplace. Deux portraits imprimés en couleur. *De la B. 15*
Belles épreuves.

LEU (THOMAS DE).

526. Saint Ignace de Loyola (R. D. 66).
Superbe épreuve. *De la B. 80 Baron*

527. Le sceptre, la main de justice, un glaive et le globe du monde fleurdelisé, posés sur un meuble carré portant le chiffre du roi Henri IV (R. D. 115).
Superbe épreuve. *Baron*

528. Borromée (Charles), cardinal, archevêque de Milan (R. D. 320).
Superbe épreuve. *Baron*

529. Bourbon (Charles II, cardinal de), proclamé roi pendant la Ligue sous le nom de Charles X (R. D. 321).
Superbe épreuve.

530. Le même portrait.
Superbe épreuve avec une marge de un centimètre, de trois côtés seulement.

531. Le même portrait.
Bonne épreuve.

532. Brœ (Bon de), président au Parlement de Paris (R. D. 328).
Superbe épreuve du premier état.

533. Crépet (Pierre) (R. D. 353).
Très-belle épreuve. *Baron*

534. Dudrac (Marie), R. D. 355.
Superbe épreuve. *Baron*

LEU (Thomas de).

535. Du Moulin (Pierre), ministre calviniste à Paris et à
Sedan (R. D. 356).
Superbe épreuve.

536. Eleonor d'Autriche, reine de France (R. D. 357).
Superbe épreuve.

537. Estrées (Gabrielle d'), marquise de Monceaux et duchesse de Beaufort (R. D. 366).
Superbe épreuve.

538. François Ier, roi de France (R. D. 372).
Superbe épreuve du premier état.

539. Gondi (Pierre de), grand aumônier, évêque de Langres,
puis de Paris, et cardinal (R. D. 375).
Superbe épreuve avec marge.

540. Le même portrait.
Très-belle épreuve.

541. Henri III, roi de France (R. D. 393).
Superbe épreuve du premier état, avec marge.

542. Henri IV, roi de France (R. D. 403).
Très-belle épreuve.

543. Henri IV, roi de France (R. D. 409).
Très-belle épreuve.

544. Henri IV, roi de France (R. D. 415).
Superbe épreuve du premier état, avant le texte au verso, avec marge.

545. Hervet (Gentien), chanoine de Reims (R. D. 419).
Superbe épreuve du premier état.

546. Joyeuse (Anne, duc de), pair et amiral de France
(R. D. 424).
Superbe épreuve du premier état, avec marge. Rare.

LEU (Thomas de).

547. Louise de Lorraine, reine de France (R. D. 446).
Superbe épreuve avec marge.

548. Luillier (Jean), conseiller d'Etat, maître des comptes, prévôt des marchands (R. D. 447).
Très-belle épreuve.

549. Marie de Médicis, reine de France (R. D. 451).
Superbe épreuve du premier état, avec marge.

550. Marie de Médicis, reine de France (R. D. 453).
Superbe épreuve.

551. Nevers (Charles de Gonzague, duc de), R. D. 469.
Très-belle épreuve.

552. Servien (Louis), avocat général au parlement de Paris et conseiller d'État (R. D. 486).
Superbe épreuve du deuxième état, avant l'adresse de Mariette.

553. Sorbin de Sainte-Foy (Arnaud), évêque de Nevers (R. D 490).
Superbe et rare épreuve du premier état, avant le millésime.

554. Villeroy (Nicolas de Neufville, seigneur de), secrétaire d'État (R. D. 504).
Superbe épreuve avec marge.

555. Gregorius de Valencia. Décrit sous le n° 507 de R. D. comme personnage inconnu.
Superbe épreuve.

LOCHON (R.).

556. Messier (Louis), docteur et censeur de Sorbonne, curé de Saint-Landry. In-fol.
Très-belle épreuve.

LOCHON.

557. Madeleine Luillier de Sainte-Beuve, institutrice des religieuses ursulines. In-4. — Le père Léonard, capucin ; gravé par Nolin. In-4. Deux portraits.

558. Thou (Jacques-Auguste de), président au Parlement de Paris, d'après Du Monstier.
Très-belle épreuve.

LOIR.

559. Andrieu (Pétrus d'), d'après Vivien. In-8.
Très-belle épreuve.

LOMBART (P.).

560. Desmarets, seigneur de Saint-Sorlin (J.), conseiller du roy, etc., d'après Gascar. In-8.
Très-belle épreuve.

LOUIS XVI ET MARIE-ANTOINETTE

PORTRAITS PAR DIVERS GRAVEURS

ANONYMES.

561. Bustes de Louis XVI et Marie-Antoinette, en regard l'un de l'autre, sur une même feuille. Pièce très-rare.
Superbe épreuve sans aucune lettres.

562. Marie-Antoinette, archiduchesse d'Autriche, reine de France. In-fol., gravé au pointillé et imprimé en couleur.
Très-belle épreuve. Rare.

563. Louis XVI, roi des Français, portrait colorié.
Belle épreuve avec marge.

BOIZOT (LOUISE A. DE).

564. Louis XVI et Marie-Antoinette. Deux portraits in-fol.,
d'après L. S. Boizot.
Superbes épreuves avec marge.

BONNET (LOUIS).

565. Marie-Antoinette, dauphine de France, d'après Ktanzin-
get. Petit portrait in-8, gravé à la manière du pastel.
Superbe épreuve. Très-rare.

GAUCHER (CH.).

566. Louis-Auguste, dauphin de France, d'après Gautier.
Très-belle épreuve avec marge.

HUBERT.

567. Louis XVI, roi de France et de Navare. In-4.
Très-belle épreuve imprimée à la sanguine.

JANINET.

568. Marie-Antoinette. Portrait in-fol., gravé en couleur.
Superbe et rare épreuve avant toutes lettres et avant la bordure.

LE BEAU.

569. Marie-Antoinette, reine de France. In-4.
Superbe épreuve avant le numéro dans le haut de la droite.

570. Le même portrait.
Très-belle épreuve avec le numéro.

571. Louis XVI et Marie-Antoinette. Deux portraits in-12 faisant pendants.
Superbes épreuves du premier état, imprimées sur deux planches sépa-
rées et avec le nom de l'éditeur au bas de chaque portrait, avant le numéro.

572. Les mêmes portraits, en regard l'un de l'autre, sur une
même feuille.
Très-belle épreuve avec l'adresse de l'éditeur au milieu du bas et le
numéro vers le haut de la droite.

LE BEAU.

573. Louis XVI, roy de France et de Navarre. In-4.
Très-belle épreuve.

LE MIRE (N.).

574. Buste de Marie-Antoinette, soutenu par des amours.
Superbe épreuve. Rare.

LEVACHEZ fils.

575. Louis XVI et Marie-Antoinette. Deux portraits in-8, gravés et imprimés en couleur, d'après Duplessis et madame Lebrun.
Superbes épreuves toutes marges.

MASSARD.

576. Louis XVI et Marie Antoinette étant encore dauphin et dauphine. Deux portraits in-12.
Très-belles épreuves, une seule a une grande marge.

MOREAU LE JEUNE (D'après J.-M.).

577. Buste de Marie-Antoinette, au milieu de figures allégoriques, gravé par N. Le Mire.
Très-belle épreuve avec marge.

578. Autre petit buste servant d'entête de livre, gravé par Gaucher.
Superbe et rare épreuve avant le texte au verso.

NEVIANCE (Victoire).

579. Marie-Antoinette, dauphine de France. Petit portrait in-12.
Très-belle épreuve. Rare.

NILSON (J.-E.).

580. Marie-Antoinette, dauphine de France, d'après Miltiz. In-4.
Très-belle épreuve. Rare.

PREVOST (B.-L.).

581. Les Arts rendant hommage à la reine Marie-Antoinette, dont le portrait en buste, en haut du sujet, est soutenu par des amours et autre figures allégoriques, d'après Cochin.

Superbe et très-rare épreuve avant toutes lettres.

SAINT-AUBIN (Aug. de).

582. Bustes de Louis XVI, de Marie-Antoinette et du dauphin, dans un médaillon. In-4.

Superbe épreuve avant toutes lettres.

583. Le même sujet, gravé par Berthet. In-8.

Très-belle épreuve.

SAVART (Mlle M.-T.).

584. Louis XVI, roi de France et de Navarre. In-8.

Superbe épreuve avant le numéro dans le haut de la droite, avec marge.

DIVERS.

585. Les deux ne font qu'un. La tête de Louis XVI et de Marie-Antoinette, chacune à l'extrémité du corps d'un animal. Pièce coloriée.

Rare.

586. Louis XVI debout, coiffé du bonnet rouge ; il tient d'une main une bouteille. Pièce en couleur.

Très-rare.

586 *bis*. L'égout royal. Pièce coloriée.

Très-rare.

587. Louis XVI et Marie-Antoinette sur le corps d'un animal. Deux médaillons de forme ronde. Très-rares.

Superbes épreuves.

DIVERS

588. Louis-Joseph-Xavier-François, dauphin de France, premier fils de Louis XVI. — Marie-Thérèse-Charlotte de France, fille de Louis XVI. Deux pièces rares, gravées par Quenedey.

589. Louis-Charles de France, dauphin, en armure, tenant un bouclier où sont représentés Louis XVI et Marie-Antoinette. Pièce rare imprimée en bistre.
Très-belle épreuve.

590. Marie-Thérèse-Charlotte de France, fille de Louis XVI. n-4.
Très-belle épreuve avant toutes lettres.

LUBIN (J.).

591. Jean Morin, père de l'Oratoire. — Antoine Le Maître, avocat au parlement. Deux portraits.

MALLERY (C. DE).

592. Le portrait au vif de la mère Thérèse de Jésus, fondatrice des religieuses et religieux Carmes deschaussés. In-8.
Très-belle épreuve.

593. Ignace de Loyola, premier général de la Société de Jésus. — Le même, par Bolswert, d'après Rubens. — Le même, par Kurrell. Trois portraits.
Belles épreuves.

DE MARCENAY (DE GHUY).

594. Jeanne d'Arc, dite la pucelle d'Orléans. In-8.
Très-belle épreuve avant la lettre.

MARIAGE (L.-F.).

595. Louis, duc de Saint-Simon, pair de France, auteur des Mémoires, d'après Vanloo. In-8.
Très-belle épreuve. Rare.

MARIETTE (Chez P.).

596. Louis de Bourbon, duc d'Enghien, prince du sang et pair de France. Portrait équestre. In-fol.

> Très-belle épreuve. Rare.

MARIETTE (J.).

597. Meleun (Anne de), chanoinesse de Mons, fille du prince d'Espinoy. In-8.

> Très-belle épreuve.

MASSON (Antoine).

598. Abelly (Louis), évêque de Rodez (R. D. 8.)

> Très-belle épreuve.

599. Bouillon (Emmanuel-Théodose de la Tour-d'Auvergne, duc d'Albret, cardinal de), d'après Mignard (R. D. 14.)

> Très-belle épreuve du premier état.

600. Brisacier (Guillaume de), secrétaire des commandements de la reine, d'après Mignard (R. D. 15).

> Superbe épreuve du deuxième état, avec les fautes aux mots Brisacier et Secrétaire.

601. Cureau de la Chambre (Marin), médecin ordinaire du roi, d'après Mignard (R. D. 24).

> Très-belle épreuve du premier état avant les contre-tailles sur la joue gauche.

602. Forbin-Janson (Toussaint de), cardinal (R. D. 27).

> Très-belle épreuve.

603. Sacy (Isaac-Louis Le Maistre de), directeur de Port-Royal (R. D. 64).

> Très-belle épreuve du deuxième état.

MATHEUS (J.).

604. Cotignon (Michel), chanoine et archevêque de Nevers.

In-8. — Cornet (Nicolas), docteur de Sorbonne, gravé par Devaux. In-4. Deux pièces.

Très-belles épreuves.

MATHEY.

605. Joseph de La Fontaine Solare de la Boissière, prêtre de l'Oratoire. In-8.

Très-belle épreuve.

MECHEL (publié par CHRÉTIEN DE).

606. Collection des portraits de tous les Bourbons rendus au trône de France en 1814. Cinq portraits in-4.

Très-belles épreuves.

MELLAN et LUBIN.

607. Camus (Jean-Pierre), évêque de Belley en 1609. Trois portraits in-8 et in-fol.

Belles épreuves.

MELLAN (Cl..).

608. Le Bouthillier (Victor), archevesque de Tours. In-fol.

Belle épreuve.

609. Fouquet (Nicolas), surintendant des finances. In-fol.

Très-belle épreuve.

610. Orléans (Louis d'), avocat au parlement de Paris, d'après Ziarnko. In-fol.

611. Richelieu (Armand-Jean du Plessis, cardinal de), représenté assis dans son cabinet. — Le même, gravé par Lubin, d'Harmessin et autres. Quatre portraits in-fol. et in-8.

Très-belles épreuves.

MELLAN.

612. Le cardinal Alphonsus. — Edmond Richer, docteur en théologie et prêtre du diocèse de Langres, par un anonyme. Deux portraits in-8.

    Très-belles épreuves.

613. J. de Saint-Bonnet, de Toiras. — J. Duverger de Hauranne, abbé de Saint-Cyran, gravé par Daret. Deux portraits in-4.

MERCURY (P.).

614. Françoise d'Aubigné, marquise de Maintenon, d'après l'émail de Petitot, entouré d'ornements.

    Très-belle épreuve, sur chine.

615. Madame de Maintenon, d'après l'émail de Petitot.

    Très-belle épreuve, avant toutes lettres, de la copie.

MESSAGER excudit.

616. Boria ou Borgia (Fr.), troisième général des jésuites, peut-être gravé par H. Wierix. In-8.

    Très-belle épreuve avec marge.

MONTAGNE (N. DE PLATTE).

617. Bérulle (Pierre, cardinal de), d'après Champaigne (R. D. 20).

    Très-belle épreuve.

618. Marie de Médicis, reine de France, d'après Porbus (R. D. 25).

    Superbe épreuve.

619. O' Moloy (Roger), prêtre irlandais (R. D. 28).

    Très-belle épreuve du premier état.

MORIN (Jean).

620. La sainte face, d'après Champaigne (R. D. 23).
Très-belle épreuve.

621. Anne d'Autriche, reine régente de France, d'après Champaigne (R. D. 41).
Superbe épreuve avec une petite marge.

622. Arnauld d'Andilly (Robert), d'après Champaigne (R. D. 42).
Superbe épreuve.

623. Le même portrait.
Très-belle épreuve avec marge.

624. Armand d'Andilly (Robert), conseiller du roi, d'après Champaigne, R. D. 42.
Très-belle épreuve avec marge.

625. Bentivoglio (Guido), cardinal, d'après Van-Dyck (R. D. 43).
Très-belle épreuve avec un peu de marge.

626. Saint Charles Borromée, d'après Champaigne (R. D. 45).
Très-belle épreuve avec marge. Collection Camberlyn.

627. Le même saint, d'après Champaigne (R. D. 46).
Superbe épreuve avec marge.

628. Camus (Jean-Pierre), évêque de Bellay, d'après Champaigno (R. D. 49).
Belle épreuve.

629. Gondy (Jean-François-Paul de), coadjuteur de Paris, d'après Champaigne (R. D. 54).
Très-belle épreuve.

630. Henri II, roi de France (R. D. 59).
Superbe épreuve avec marge.

MORIN (Jean).

631. Jansénius (Corneille), évêque d'Ypres (R. D. 61).
Très-belle épreuve du premier état.

632. Louis XIII, roi de France, d'après Champaigne (R. D. 64).
Très-belle épreuve.

633. Marillac (Michel de), garde des sceaux, d'après Champaigne (B. D. 66).
Très-belle épreuve.

634. Mazarin (le cardinal), d'après Champaigne (R. D. 68).
Superbe épreuve du premier état, avec marge.

635. Richelieu (J.-Armand Duplessis, cardinal de), d'après Champaigne (R. D. 72).
Très-belle épreuve avec une petite marge.

636. Saint François de Sales (R. D. 73).
Très-belle épreuve avec marge.

637. Tarisse (Dom Jean-Grégoire), général de la congrégation de Saint-Maur, d'après Donstan (R. D. 75).
Superbe épreuve avec marge.

638. Thou (Augustin de), premier du nom (R. D. 77).
Très-belle épreuve.

639. Thou (Christophe de), R. D. 78.
Superbe épreuve avec un peu de marge.

640. Thou (Jacques-Auguste de), président des enquêtes du parlement de Paris, d'après Ferdinand (R. D. 79).
Très-belle épreuve.

641. Verger de Hauranne (Jean du), abbé de Saint-Cyran (R. D. 82).
Belle épreuve du premier état. Les coins sont restaurés.

MORIN.

642. Le même personnage (R. D. 83).
  Très-belle épreuve.

MOYREAU (J.).

643. Fleuriau (Louis-Gaston), d'Armenonville, évêque d'Orléans en 1707, et Nicolas-Joseph de Paris, son neveu et son successeur, en regard sur une même feuille, in-4.
  Très-belle épreuve.

MUSIQUE (Compositeurs de).

644. Beethoven, — Mozart, — Grétry, — Spontini, — Vauvenargues, — Gluck, — Lulli, — Cherubini, — Haydn, 20 portraits différents seront vendus sous ce numéro.

MUTEL.

645. Tournus (Louis-Firmin), ancien curé au diocèse d'Agde, d'après Restout. — Frère Thomaso, capucin, gravé par M. Lasne. Deux portraits.

NATALIS.

646. Bouillon (Emmanuel-Théodore de La Tour d'Auvergne, duc d'Albret, cardinal de), d'après Mignard. In-fol.
  Très-belle épreuve avec marge.

NANTEUIL (Robert).

647. Buste du Christ (R. D. 4).
  Belle épreuve du deuxième état.

648. Les quatre évangélistes (R. D. 7).
  Superbe épreuve du premier état. Très-rare.

649. La même estampe.
  Très-belle épreuve du deuxième état. Rare.

NANTEUIL (ROBERT).

650. Barberin (Antoine), cardinal, archevêque de Reims (R. D. 30).

> Très-belle épreuve.

651. Beaufort (François de Vendôme, duc de), d'après Nocret (R. D. 33).

> Très-belle épreuve du premier état.

652. Beaumanoir de Lavardin (Philibert-Emmanuel de), évêque du Mans (R. D. 35).

> Superbe épreuve du premier état, avec marge.

653. Le même portrait.

> Très-belle épreuve du quatrième état.

654. Bellièvre (Pomponne de), premier président au Parlement de Paris, d'après Lebrun (R. D. 37).

> Superbe épreuve du deuxième état.

655. Bossuet (Jacques-Bénigne), évêque de Condom, puis de Meaux (R. D. 45).

> Très-belle épreuve du premier état.

656. Bragelogne (Marie de), veuve de Claude Le Bouthillier, surintendant des finances (R. D. 57).

> Très-belle épreuve du quatrième état.

657. Castelnau (Jacques, marquis de), maréchal de France (R. D. 58).

> Bonne épreuve avec marge.

658. Chapelain (Jean), membre de l'Académie française (R. D. 60).

> Très-belle épreuve du premier état.

659. Charles Emmanuel II, duc de Savoie (R. D. 61).

> Superbe et rare épreuve du premier état non décrit, avant le mot Fert répété trois fois dans le collier de l'Annonciade.

NANTEUIL (Robert).

660. Charles de Lorraine, V^e du nom (R. D. 63).
  Très-belle épreuve avec marge.

661. Clermont-Tonnerre (François de), évêque de Noyon (R. D. 68).
  Très-belle épreuve du premier état. Le coin gauche est enlevé.

662. Coislin (Pierre du Cambout, cardinal de) (R. D. 70).
  Très-belle épreuve du premier état.

663. Colbert (Jean-Baptiste), contrôleur général des finances, d'après Champaigne (R. D. 71).
  Superbe épreuve du premier état. Rare.

664. Condé (Louis de Bourbon, IIe du nom, prince de), surnommé Monsieur le Prince (R. D. 79).
  Très-belle épreuve avec marge.

665. Le même portrait.
  Belle épreuve.

666. Dunois (Jean-Louis-Charles d'Orléans-Longueville, comte de), d'après Ferdinand (R. D. 86).
  Très-belle épreuve avec marge.

667. Enghien (Henri-Jules de Bourbon, duc d'), surnommé Monsieur le Duc, d'après Mignard (R. D. 90).
  Très-belle épreuve.

668. Faure (Charles), abbé et premier supérieur général de Sainte-Geneviève (R. D. 94). — Le même, gravé par Couvay et Mellan. Trois pièces.
  Très-belles épreuves.

669. Feret (Hippolyte), curé de Saint-Nicolas du Chardonnet et grand vicaire de Paris (R. D. 95).
  Très-belle épreuve.

NANTEUIL (Robert).

670. Fouquet (Nicolas), surintendant des finances (R. D. 98).
Très-belle épreuve du deuxième état, avec marge.

671. Fronteau (Jean), chanoine de Sainte-Geneviève (R. D. 99).
Très-belle épreuve.

672. Harlay de Chanvallon (François de), archevêque de Paris (R. D. 107).
Très-belle épreuve du premier état.

673. Lallemant (Pierre), prieur de Sainte-Geneviève (R. D. 117).
Très-belle épreuve du premier état.

674. La Meilleraye (Charles de la Porte, duc de), maréchal de France (R. D. 118).
Superbe épreuve avec marge. Collection Dreux.

675. Le Paultre (Antoine), architecte et ingénieur (R. D. 127).
Très-belle épreuve du deuxième état.

676. Le même personnage (R. D. 132).
Belle épreuve.

677. Le Tellier (Charles-Maurice), archevêque de Reims (R. D. 139).
Très-belle épreuve du deuxième état.

678. Le Tellier (Charles-Maurice), archevêque de Reims (R. D. 140).
Très-belle épreuve du deuxième état.

679. Ligny (Dominique de), évêque de Meaux (R. D. 145).
Belle épreuve.

680. Loménie de Brienne (Henri-Auguste de), secrétaire d'Etat (R. D. 148).
Superbe épreuve du premier état.

NANTEUIL (ROBERT).

681. Longueville (Henri d'Orléans, XI° du nom, duc de), d'après Champaigne (R. D. 149).

Belle épreuve.

682. Loret (Jean), poële (R. D. 159).

Très-belle épreuve avant la virgule après le mot Loret; elle a de la marge.

683. Mallier du Houssay (François), évêque de Troyes (R. D. 167).

Très-belle épreuve.

684. Mallier du Houssay (François), évêque de Troyes (R. D. 167).

Très-belle épreuve.

685. Marie-Jeanne-Baptiste de Savoie-Nemours, duchesse de Savoie, d'après L. du Sour (R. D. 169).

Superbe épreuve du premier état, avec une petite marge.

686. Marolles (Michel de), abbé de Villeloing (R. D. 171).

Très-belle épreuve du premier état.

687. Mazarin (Jules), cardinal, ministre d'Etat, d'après Van-Mol (R. D. 175).

Très-belle épreuve du premier état, avec marge.

688. Mazarin (Jules), cardinal, ministre d'Eta (R. D. 176).

Superbe épreuve avec marge.

689. Le même personnage (R. D. 179).

Superbe épreuve. Collection Thiers et Marshall.

690. Le même personnage (R. D. 184).

Superbe épreuve du premier état. Collection Debos.

691. Le même personnage (R. D. 186).

Très-belle épreuve.

NANTEUIL (ROBERT).

692. Le même personnage, d'après Mignard (R. D. 187).
Très-belle épreuve du premier état.

693. Ménage (Gilles), homme de lettres (R. D. 188).
Superbe épreuve du premier état.

694. Molé (Edouard), président à mortier au Parlement de Paris (R. D. 193).
Très-belle épreuve.

695. Molé (Mathieu), garde des sceaux (R. D. 194).
Superbe épreuve.

696. Molé (François), abbé de Sainte-Croix de Bordeaux, puis maître des requêtes (R. D. 195).
Superbe épreuve avec marge.

697. Nemours (Henri de Savoye, duc de) (R. D. 199).
Superbe épreuve du premier état avec marge. Rare.

698. Nemours (Anne-Marie d'Orléans-Longueville, duchesse de), d'après Beaubrun (R. D. 200).
Belle épreuve.

699. Neufville (Ferdinand de), évêque de Chartres, d'après Champaigne (R. D. 203).
Superbe épreuve du deuxième état.

700. Neufville (Ferdinand de), évêque de Chartres (R. D. 204).
Superbe épreuve du premier état. Rare.

701. Péréfixe de Beaumont (Harduoin de), archevêque de Paris (R. D. 213).
Très-belle épreuves.

702. Le même portrait.
Très-belle epreuve.

NANTEUIL (Robert).

703. Retz (Jean-François-Paul de Gondi, cardinal de) (R. D. 217).

   Superbe et rare épreuve du premier état.

704. Richelieu (Armand-Paul du Plessis, cardinal, duc de), d'après Champaigne (R. D. 218).

   Superbe épreuve du premier état, avec une petite marge. Très-rare en aussi belle condition.

705. Scudéri (Georges de), membre de l'Académie française (R. D. 221).

   Très-belle épreuve du premier état, avec marge.

706. Servien (François), évêque de Bayeux, d'après Champaigne (R. D. 225).

   Très-belle épreuve du premier état.

707. Suze (Louis-François de), évêque de Viviers (R. D. 227).

   Superbe épreuve du premier état.

708. Talon (Denis), président à mortier au Parlement de Paris (R. D. 228).

   Très-belle épreuve.

709. Thévenin (Claude), chanoine de l'Eglise de Paris (R. D. 231).

   Très-belle épreuve du deuxième état.

710. Turenne (Henri de la Tour d'Auvergne, vicomte de), maréchal de France (R. D. 232).

   Très-belle épreuve du troisième état, avec marge.

NODRAC.

711. Enghien (Louis-Antoine-Henri de Bourbon, duc d'), d'après Augustin. In-4°.

   Belle épreuve.

NOLIN, RUCHOLLE, etc.

712. Portraits des papes Innocent X et Innocent XII. Trois
portraits.
> Très-belles épreuves.

PASSE (CRISPIN DE).

713. Caverel (Philippe de), abbé de St-Wast d'Arras, député
ordinaire des Etats d'Artois en 1633. In-fol.
> Très-belle épreuve.

PASSE (CRISPIN DE) Attribué à.

714. Ravaillac (François), dans les angles quatre ronds repré-
sentant les scènes de son supplice. In-fol.
> Très-belle épreuve. Rare.

PETIT.

715. Françoise-Marguerite de Sévigné, comtesse de Grignan.
In-8.
> Belle épreuve.

716. Rohan (Armand-Jules, prince de), archevêque et duc de
Reims, d'après Rigaud.
> Très-belle épreuve avec marge.

PESNE (J.).

717. Poussin (Nicolas), célèbre peintre, d'après lui-même
(R. D. 6).
> Belle épreuve.

PICART (ETIENNE).

718. Hameau (André), docteur de Sorbonne, curé de St-Paul
de Paris, d'après Paillet. In-fol.
> Très-belle épreuve.

719. Tallemant (François), aumônier de Madame la duchésse
d'Orléans, d'après Nanteuil. In-fol.
> Belle épreuve.

PITAU (N.).

720. Calmet (Dom Augustin), bénédictin de Lorraine, d'après Fontaine. In-fol.

    Très-belle épreuve avec marge.

721. Marie-Thérèse d'Autriche, reine de France, d'après Baubrun.

    Superbe épreuve avec marge.

722. Colbert (Nicolas), évêque de Luçon, puis d'Auxerre, d'après Lefebvre.

    Très-belle épreuve.

723. Joncoux (Françoise-Marguerite de), in-fol. Deux très-belles épreuves dont une avec le nom du graveur et avant l'adresse de Desrochers.

724. Petitpied (Nicolas), docteur de Sorbonne, in-fol. — Le cardinal du Perron, par L. Gautier, in-8. Deux portraits. 2

725. Quesnel (Pasquier), prêtre de l'Oratoire, in-fol. — Le même, gravé par J. Gole. — Vincent Carafa, de la Société de Jésus, in-fol. Trois pièces.

    Belles épreuves.

726. Saint François de Sales, évêque et prince de Genève. In-fol.

    Très-belle épreuve avec marge.

727. Sanguin (Denis), chanoine de la Sainte-Chapelle, puis évêque de Senlis, d'après C. Le Fèvre. In-fol.

    Très-belle épreuve avec marge.

728. Sayoye (Christine, fille de France par la grâce de Dieu, duchesse de). In-fol.

    Très-belle épreuve avec marge.

PITAU (N.).

729. Le même portrait.

Superbe épreuve portant au *verso* la signature de P. Mariette. 1663.

730. Saint Vincent de Paul, d'après Simon François. In-fol.

Très-belle épreuve avec marge.

POILLY (N.).

731. Louis XIV, roi de France, d'après Mignard. In-fol.

Superbe épreuve.

POILLY (F.).

732. Arnaud (Henri), évêque d'Angers. In-fol.

Très-belle épreuve.

733. Borgia (Franciscus de), troisième général de la Société de Jésus. In-fol.

Très-belle épreuve.

734. Bossuet (Jacques-Bénigne), évêque de Condom, d'après Mignard. In-fol.

Très-belle épreuve.

735. Le Moyne (Pierre), jésuite à Nancy en 1619, d'après Champaigne. In-fol.

Très-belle épreuve.

736. Louis XIV, roi de France, d'après Mignard. In-fol.

Très-belle épreuve.

737. Orléans (Philippe d'), frère de Louis XIV, d'après Nacret. In-fol.

Très-belle épreuve.

PREISLER (J.-M.).

738. Bouillon (Emmanuel-Théodose de la Tour d'Auvergne, cardinal de), d'après Rigaud. In-fol.

Très-belle épreuve.

PONTIUS (PAUL).

739. Rubens (Pierre-Paul), célèbre peintre, d'après lui-même.
Très-belle épreuve.

740. Isabelle (Claire-Eugénie), infante d'Espagne, gouvernante des Pays-Bas, d'après Rubens. Grand in-fol.
Très-belle épreuve.

QUENEDEY.

741. Maximilien Robespierre.
Belle épreuve.

742. Mirabeau et Bailly. Deux portraits gravés au physionotrace.
Très-belles épreuves.

743. Bausset (Louis-François), cardinal, gravé de la même manière.
Très-belle épreuve.

RABEL.

744. Henri III, roi de France, en buste dans un ovale in-12.
Très-belle épreuve doublée.

REGNESSON.

745. Anne-Geneviève de Bourbon-Condé, duchesse de Longueville, in-4°. — Le même, par Montcornet. Deux pièces.
Belles épreuves.

746. Le même personnage, portrait in-fol. d'après Van-Hulle.
Très-belle épreuve avec marge.

747. La vénérable Mère Marie de Jésus (Catherine de Harlay, veuve de M. de Bréauté). In-8.
Très-belle épreuve avec marge.

ROCHEFORT (P. DE).

748. Boùrdaloue (Louis), de la Compagnie de Jésus, prédicateur du roy, in-fol. — Le même. Deux différents portraits
de la suite d'Odieuvre, in-4°. Trois pièces.
Très-belles épreuves.

749. Chevigny (Le Révérend Père Nicolas Guyet de), prestre
de l'Oratoire.
Très-belle épreuve.

750. Nicolas Malebranche, prêtre de l'Oratoire. In-fol.
Belle épreuve.

ROMANET (A.).

751. Elizabeth-Philippe Marie-Hélène de France (Madame
Elizabeth), d'après Fontaine. In-8.
Très-belle épreuve.

752. Dame Julie de Villeneuve, veuve de St-Vincent, petite
fille de Madame de Sévigné. In-4°.
Très-belle épreuve.

ROUILLARD (Chez).

753. Ursins (Charlotte des), vicomtesse d'Auchy, qui a fait des
Homélies sur quelques épîtres de Saint-Paul. In-4°. —
Anne de La Vigne, gravé par Schmidt, in-8. Deux por-
traits.
Très-belles épreuves.

ROULLET (J.-L.).

754. Camus (Etienne le), évêque et prince de Grenoble.
Deux très-belles épreuves dont une avant la lettre.

755. Le Tellier (Camille de Louvois), abbé de Bourgueil, bi-
bliothécaire du roi. In-fol.
Superbe et rare épreuve avant la lettre, la bordure et les armes.

BOULLET (J.-N.).

756. Le même portrait terminé avec la lettre.

Très-belle épreuve.

757. Rasponus (Cæsar, cardinal). In-4°.

Très-belle épreuve.

ROULLET, VALET et autres.

758. Portraits des papes Alexandre VII et Alexandre VIII, etc. Trois pièces.

~~SAINT-IGNY.~~

759. Montjoye Saint-Denis, roy d'armes de France. In-8.

Très-belle épreuve.

SAVART (Pierre).

760. François Joachim, de Pierre de Bernis, d'après Callet (Faucheux 3).

Très-belle épreuve avec marge.

761. Nicolas Boileau Despréaux, d'après Rigaud (F. 4).

Très-belle épreuve, avec l'adresse de la barrière Fontarabie.

762. Jacques Benigne Bossuet, d'après Rigaud (F. 6).

Très-belle épreuve du quatrième état.

763. Jean de La Bruyère, de l'Académie française, d'après De Saint-Jean (F. 8).

Superbe épreuve du premier état, avant toute lettre.

764. Jean de la Bruyère, de l'Académie française, d'après de Saint-Jean (F. 8).

Très-belle épreuve.

765. Louis de Bourbon, prince de Condé, d'après le Juste (F. 15).

Très-belle épreuve du deuxième état, avant l'adresse.

SAVART (Pierre.)

766. Le même portrait.

> Très-belle épreuve avec l'adresse.

767. Antoinette de la Garde Deshoulières, d'après Mlle Chéron (F. 16).

> Superbe épreuve du premier état, avant la lettre.

768. Nicolas de Livry, évêque de Callinique, abbé de Sainte-Colombe, d'après Tocqué (F. 22).

> Très-belle épreuve du quatrième état, avec le bas-relief représentant une femme assise allaitant un enfant, plus une épreuve avec le bas-relief effacé.

769. Louis le grand, roi de France et de Navarre, d'après Rigaud (F. 23).

> Très-belle épreuve avec l'adresse de la barrière Fontarabie.

770. Jean Racine, d'après Santerre (F. 30).

> Très-belle épreuve avec l'adresse de la barrière Fontarabie.

771. Armand Duplessis, cardinal de Richelieu, d'après Champaigne (F. 31).

> Superbe épreuve du premier état avant toutes lettres.

SCHMIDT (G.-F.).

772. Guyot des Fontaines (P. François), journaliste, d'après Tocqué. In-8.

> Très-belle épreuve.

773. Maurice Quentin de La Tour, de l'Académie royale de peinture, d'après lui-même. In-fol.

> Très-belle épreuve.

774. Le même personnage, petit in-fol., d'après lui-même.

> Très-belle épreuve.

775. Prévost (Antoine, François), aumônier de S. A. S. Monseigneur le prince de Conti.

> Superbe épreuve.

SCHMIDT (G.-F.).

776. Rousseau (J.-B), célèbre poëte, d'après Aved. In-fol.
Très-belle épreuve.

777. Marie de Rabutin Chantal, marquise de Sévigné, d'après
Ferdinand. In-8.
Belle épreuve.

SCHUPPEN (P. van).

778. Alexandre VII, souverain pontife, d'après Mignard. In-fol.
Très-belle épreuve avec marge.

779. Alexandre (Noël), célèbre dominicain, d'après J. Van
Schuppen. In-fol.
Très-belle épreuve.

780. Anglure (Charles, Fr. d') de Bourlemont, archevêque de
Toulouse, le 1er juillet, d'après Ferdinand.
Très-belle épreuve.

781. Arnaud (La Mère Marie-Angélique), abbesse et réforma-
trice de Port-Royal, d'après Champaigne. In-fol.
Superbe épreuve.

782. Barcos (Martin de), abbé de Saint-Cyran, d'après Ph. de
Champaigne. In-4°.
Très-belle épreuve.

783. Berthelot (Catherine Germain, Vᵉ de Simon). In-fol.
Très-belle épreuve.

784. Boullaud (Ismaël), astronome et mathématicien, d'après
J. Van Schupper. In-4°.
Très-belle épreuve.

785. Bouthillier de Rancé (Armand Jean), abbé et réformateur
de l'abbaye de la Trappe.
Superbe épreuve. Rare.

SCHUPPEN (P. van).

786. Despont (Philippe), prêtre et docteur en théologie. In-fol.

Très-belle épreuve avec marge.

787. Este (Rainauld d'), cardinal, évêque de Reggio, puis de Montpellier.

Superbe épreuve.

788. Fromentières (Jean-Louis de), évêque et seigneur d'Aire. In-8.

Très-belle épreuve.

789. Gueldres (Philippine de), Ve de René, duc de Lorraine. In-8.

Très-belle épreuve.

790. Hamon (Jean), docteur en médecine de la Faculté de Paris. In-8.

Très-belle épreuve.

791. Harlay de Chanvalon (François), archevêque de Paris. In-fol.

Superbe épreuve.

792. Dominique de Ligny, évêque de Meaux. In-fol.

Superbe épreuve.

793. Lingendes (Claude de), jésuite, prédicateur célèbre. In-4°.

Superbe épreuve avant toutes lettres.

794. Lorraine (la bien-heureuse Marguerite de), veuve de René de France, duc d'Alençon. — Lorraine (Henriette de), abbesse de Notre-Dame de Soissons. Deux portraits, in-4°.

Très-belles épreuves.

SCHUPPEN (P. VAN).

795. Louis XIV, roi de France, d'après Mignard. In-fol.
Très-belle épreuve.

796. Le même personnage, d'après C. Lefèvre. In-8.
Très-belle épreuve avec marge.

797. Marca (Pierre), archevêque de Toulouse, d'après Van Loo. In-fol.
Très-belle épreuve.

798. Mouchy (Pierre de), prêtre de l'Oratoire. In-fol.
Superbe épreuve.

799. Montmorency (Marie-Félice des Ursins, duchesse de), supérieure du monanastère de la Visitation de Moulins. In-8.
Belle épreuve.

800. Marie-Félice des Ursins, duchesse de Montmorency, fondatrice et supérieure du monastère de la Visitation de Moulins. In-8. — La vénérable Mère Marie-Marguerite, des Anges, carmélite, gravé par Lenfant. In-4°. Deux pièces.
Belles épreuves.

801. Orléans (Anne-Marie-Louise d'), duchesse de Montpensier, fille de Gaston d'Orléans, d'après F. Sève. In-fol.
Superbe épreuve.

802. Pithou (Pierre), sieur de Savoye. — Pithou (François), sieur de Bierne ; jurisconsultes célèbres. Deux portraits in-fol.
Très-belles épreuves.

803. Pontis (Messire Louis de), d'après Champaigne. In-8.
Très-belle épreuve.

SCHUPPEN (P. VAN).

804. Sacy (Isaac-Louis Le Maistre de), directeur de Port-Royal, d'après Desprez. In-fol.
Superbe épreuve,

805. Saveuses (Charles de), prêtre, conseiller-clerc au Parlement de Paris en 1629. In-8.
Deux belles épreuves.

806. Seguier (Pierre), maître des requêtes, lieutenant-civil puis garde des sceaux en 1633, chancelier de France en 1635, d'après Le Brun. In-fol.
Très-belle épreuve.

807. Tellier (François-Michel le), marquis de Louvois, secrétaire et ministre d'État, d'après Le Febvre. In-fol.
Superbe épreuve.

808. Tellier (Charles Maurice le), archevêque de Reims, d'après Le Febvre. In-fol.
Très-belle épreuve,

809. Le même personnage, gravé en plus petit, d'après Mignard.
Très-belle épreuve avec marge.

810. Thomassin (Louis), prêtre de l'Oratoire. Deux portraits différents, gravés en 1694 et 1696.
Très-belles épreuves.

811. Dominique-François Villani, d'après L. François, in-fol. — Aloysius Gonsaga, en prière devant un crucifix, sans nom de graveur. Deux portraits in-fol.
Belles épreuves.

812. Saint Vincent de Paul, d'après Turonen. In-fol.
Superbe épreuve du premier état, avec une inscription de cinq lignes dans le cartouche du bas.

SCHUPPEN (P. van).

813. Le même portrait.

> Très-belle épreuve du deuxième état; l'inscription a été enlevée et remplacée par divers travaux.

814. Verjus (Jean), docteur en théologie, aumônier et prédicateur du roi, d'après Loir. In-4°.

> Très-belle épreuve avec marge.

SCOTIN (G.).

815. Binet (François), premier général, après saint François de Paule, de l'ordre des Minimes. In-4°.

> Très-belle épreuve.

SCOTTIN (J.-B.).

816. Charpentier (Hubert), prêtre du diocèse de Meaux. — Pierre Coton, jésuite, confesseur de Henri IV, par Auroux. — La vénérable Mère Charlotte de La Croix, par E. Gantrel. Trois portraits in-8.

> Très-belles épreuves.

SCOTIN, LANDRY et autres.

817. Le R. P. Jean-Baptiste-Elie Avrillon, religieux minime. — Jacques Eveillon, chanoine et vicaire-général d'Angers, etc. Quatre portraits in-4° et in-8.

> Belles épreuves.

SICHEM (Chris. van).

818. François Ravaillac, en pied, tenant un couteau de la main droite. Dans le haut de la droite sont les portraits du roi, de la reine et du jeune roi Louis XIII; dans le fond la scène de son supplice.

> Pièce gravée à l'eau-forte. Rare.

SIMON (P.).

819. Jean-Paul Oliva, général de la Société de Jésus. In-fol.
Très-belle épreuve.

820. Orléans (Anne-Marie-Louise d'), duchesse de Montpensie. Buste fort commé nature.
Superbe épreuve.

SIMON et autres.

821. Le Révérend Père Poisson, cordelier et prédicateur du roy. — Rubens, par Worlidge. — Portrait d'un jésuite portugais. Trois portraits in-8.

SIMONNEAU (C.).

822. Maistre (Antoine Le), avocat célèbre au Parlement de Paris en 1638, d'après Champaigne. In-fol.
Très-belle épreuve.

823. Orléans (Elisabeth-Charlotte, palatine du Rhin, duchesse d'), d'après Rigaud. In-fol.
Très-belle épreuve.

SUAVIUS (Lamb.).

823 bis. Perrenot (Antoine) de Ganvelle, cardinal, archevêque de Malines, puis de Besançon, vice-roi de Naples et ministre de Charles-Quint et Philippe II. In-fol.
Très-belle épreuve. Rare.

SUYDERHOEF (J.).

824. Descartes (René), célèbre philosophe, d'après F. Hals. Deux épreuves dont une avec l'adresse de P. Goos, plus deux autres portraits du même, dont un par Lubin Quatre pièces.

825. Jacob de Reves, d'après F. Hals.
Très-belle épreuve.

TARDIEU, ROULLET et LALOUETTE.

826. Chantal (sainte Jeanne-Françoise Fremiot, veuve de M. le baron de), fondatrice des religieuses de la Visitation, instituées par saint François de Sales. Trois portraits in-8.

    Très-belles épreuves

TASSAERT.

827. Marie-Anne-Charlotte Corday, d'après Hauer. In-fol.

    Très-belle épreuve. Rare.

THOMASSIN (S.).

828. Louis, duc de Bourgogne. — Madame la princesse de Savoye, duchesse de Bourgogne. Deux portraits in-fol. en hauteur.

    Très-belles épreuves. Rares.

829. Innocent XII, souverain Pontife. In-fol.

    Très-belle épreuve avec marge.

830. Truchet (Jean), dit le Père Sébastien, d'après Mlle Cheron.

    Superbe et rare épreuve avant toutes lettres.

TOURCATY.

831. Marat à la tribune, d'après Simon Petit. In-fol.

    Très-belle épreuve avec marge. Rare.

TOURNEYSER.

832. Longecombe (Honoré de), prieur do Nantua. In-fol.

    Très-belle épreuve.

TRIÈRE et DESROCHERS.

833. Gabriel-François Coyer, des Académies de Nancy, d'après Colson. — Louis-Ellie Dupin, docteur en théologie, d'après Vignon. Deux portraits in-8.

    Très-belles épreuves.

TROUVAIN (ANT.).

834. Bordelon (Laurent), précepteur des enfants de Monsieur
Lubert, trésorier général de la marine. In-8.

> Très-belle épreuve avec marge.

835. Buc (Dom Alexis du), de la Congrégation des Clers-
Réguliers, dits Théatins, d'après Simon. In-fol.

> Belle épreuve.

836. Chaise (François de la), jésuite, confesseur du roi
Louis XIV.

> Très-belle épreuve avec marge.

837. Le même portrait.

> Très-belle épreuve.

838. Feret (Hippolyte), docteur en théologie, curé de Saint-
Nicolas du Chardonnet à Paris, d'après Nanteuil. —
Fourier (Le R. P.) de Mataincourt, réformateur et général
des chanoines réguliers de saint Augustin. H. Weyen
excudit. Deux portraits in-8.

839. Feret (Hippolyte), docteur en théologie, d'après Nanteuil, in-4°. — Nicolas Legros, docteur en théologie,
âgé de 76 ans, in-fol. Deux pièces.

> Très-belles épreuves.

840. Huet (Pierre-Daniel), évêque de Soissons, puis d'Avranches. — Jean-Louis de Buisson de Beauteville, évêque
d'Alais, par Voyez le jeune. Deux pièces.

841. Le Tourneux (Nicolas), prestre et prieur de Villers,
d'après Compardel, in-8. — Jean Des-Moulins, prestre,
docteur en théologie, curé de St-Jacques du Haut-Pas,
d'après Liébault, in-fol. Deux portraits.

> Belles épreuves.

842. Menestrier (Claude-François), jésuite, connu par ses

ouvrages sur le blazon. — Le même, gravé par Nolin.
Deux portraits in-fol., d'après P. Simon.

Très-belles épreuves.

VALLET (G.).

843. Balzac (Jean-Louis Guez de), gentilhomme attaché au
cardinal de La Valette, reçu à l'Académie française
en 1634.

Très-belle épreuve.

844. Le même portrait.

Très-belle épreuve.

VERMEULEN (C.).

845. Sirmond (Jacques), jésuite, célèbre par ses ouvrages,
in-fol. — Le même, gravé par Lubin, in-fol. Trois
portraits dont un double.

Très-belles épreuves.

846. La vraie effigie du vénérable religieux Benedicti Haef-
teni. — Jean de La Haye, cordelier, gravé par Rousselet.
Deux portraits in-fol.

Très-belles épreuves.

847. Nicole (Pierre), célèbre théologien, d'après Mlle Cheron,
in-fol. — Le Révérend Père Ch. de Noyelle, de la Société
de Jésus, gravé par Gantrel, in-4°. Deux portraits.

Belles épreuves.

VILLAMENA (F.).

848. Bambergensis (Christophe-Claude), de la Société de Jésus,
in-fol. — J.-F. Commendonus, cardinal, gravé par Cam-
pion, in-fol. Deux pièces.

VISSCHER (L.).

849. Anne d'Autriche, reine de France, d'après Vanloo, in-fol.

Superbe épreuve avec marge.

VORSTERMAN (L.).

850. Jacques Callot, d'après Van-Dyck. — Le même, gravé par M. Lasne. Deux portraits.

851. Erasme de Rotterdam, d'après Holbein, in-4°.
  Belle épreuve.

852. Malherbe (François de), poëte français, gentilhomme ordinaire de la chambre du roi, d'après Dumonstier.
  Très-belle épreuve.

853. Serre (Jean Puget de la), historiographe de France, in-8.
  Très-belle épreuve avec marge.

VOUILLEMONT.

854. Marcillac (Sylvestre de), évêque de Mende. — Denis Simon de Marquemont, cardinal, gravé par Daret. Deux portraits in-fol.

WIERIX (JÉRÔME).

855. Saint Benoît (Alvin 859).
  Très-belle épreuve.

856. Aquavivo (Claude) (Alvin 1857).
  Très-belle épreuve avec une grande marge.

857. Le même portrait.
  Très-belle épreuve.

858. Henriette de Balzac d'Entragues, marquise de Verneuil, maîtresse d'Henri IV (Al. 1860).
  Superbe épreuve du premier état, avec l'adresse de Paul de la Houe.

859. Saint Charles Boromée (Al. 1869).
  Superbe épreuve avec marge.

860. Canisius (Pierre), récemment canonisé (Al. 1876).
  Très-belle épreuve avec marge.

861. D'Orléans (Louis), (Al. 1889).

Superbe épreuve.

862. Henri III, roi de France, in-fol. (Al. 1918).

Superbe épreuve. Rare.

863. Hospital (Michel de l'), dans un cénotaphe, gravé par Michel Leblond. (Al. 1931).

Superbe épreuve.

864. Ignace de Loyola (Al. 1934).

Très-belle épreuve avec marge.

865. Mercuriales (Everard), IVe général de la Société de Jésus (Al. 1983).

Très-belle épreuve avec marge, plus le portrait de P. Ribadeyra, gravé par Mallery.

866. Realinus (Bernardinus), de la Société de Jésus, in-8.

Très-belle épreuve.

WIERIX (Jean).

867. Marie de Médicis, reine de France, in-4° (Al. 1679).

Superbe épreuve du premier état, avant les tailles croisées sur la signature de l'artiste.

868. Stradan (Jean) (Al. 2029).

Très-belle épreuve.

WIERIX (Ant.).

869. Bellarmin (Robert), cardinal (Al. 1862).

Belle épreuve.

870. Berchmans (Jean), de la Société de Jésus (Al. 1864), in-8.

Très-belle épreuve.

871. François Piccolomini, in-8.

Superbe et très-rare épreuve avant la lettre; non décrit.

WILLE (J.-G.).

872. Louis, Dauphin de France, d'après Klein, in-fol.

Très-belle épreuve.

873. Marie-Thérèse d'Espagne, dauphine de France, d'après Daniel Klein.

Très-belle épreuve avant la lettre.

874. Singlin (Antoine), directeur de Port-Royal, d'après Champaigne. In-fol.

Belle épreuve.

WILLE et DAULLÉ.

875. Claude de Saint-Simon, évêque, d'après Rigaud (Le Bl. 112).

Superbe épreuve du premier état, avec la lettre, où les lettres S. R. J. princeps sont tracés à la pointe. La tête seule est gravée par Daullé.

WOERIAT (P.).

876. Du Chastelet (Pierre), évêque de Toul (R. D. 283).

Belle épreuve.

ÉCOLE FRANÇAISE DU XVIIIᵉ SIÈCLE

ANONYME.

877. Estampe du tableau trouvé dans l'église des ci-devant jésuites de Billon, en Auvergne, l'an 1762.

Très-belle épreuve avant la lettre ; elle n'est pas entièrement terminée.

878. La même estampe.

Très-belle épreuve avec la lettre.

879. Vue des jardins et de la prison du Temple, pièce en couleur, montée en dessin.

AUDOIN et GUÉRIN.

880. Jupiter et Antiope. — Vénus désarmant l'Amour. Deux pièces faisant pendant, gravées d'après le Corrége.
Superbes épreuves avant la lettre.

BAUDOIN (D'après).

881. Le Bain, gravé en couleur par Regnault.
Très-belle épreuve.

BONNET (L.-M.).

882. Portrait de Madame de Pompadour, gravé en imitation du pastel, d'après Boucher.
Très-belle épreuve. Rare.

883. La belle toilette, d'après Schall.
Très-belle épreuve en couleur.

884. Vénus caressée par l'Amour, d'après Boucher. — Le triomphe de Galathée, d'après Huet. Deux pièces gravées en couleur.
Très-belles épreuves.

CHARDIN (D'après).

885. Portrait de l'auteur, gravé par Chevillet.
Très-belle épreuve avec marge.

886. Dame prenant son thé, gravé par Fillœul.
Très-belle épreuve.

DEBUCOURT (P.-L.).

8 7. Promenade de la galerie du Palais-Royal, en 1787. Gravure en couleur.
Très-belle épreuve. Rare.

888. Le Menuet de la Mariée, gravure en couleur.
Très-belle épreuve.

DEMARTEAU.

880. La Jardinière. — Vénus aux Colombes. — Autel de l'Amitié. Trois pièces gravées à la sanguine, d'après Boucher.

Très-belles épreuves. Deux sont avant la lettre.

890. La jeune Bergère. — Le jeune Berger. Deux pièces gravées en couleur, d'après Huet.

Très-belles épreuves.

DUCLOS (J.).

891. La Reine annonçant à Mme de Bellegarde des juges et la liberté de son mari, en mai 1777, d'après Desfossés.

Très-belle épreuve.

FRAGONARD (D'après Honoré).

892. Les Hazards heureux de l'Escarpolette, gravé par N. de Launay.

Très-belle épreuve de la planche carrée.

893. La Fuite à dessein, gravé par Macret.

Superbe épreuve avant la dédicace.

894. Sujets pour illustrer les contes de Lafontaine. 20 pièces.

Très-belles épreuves.

MOREAU (J.-M.) le jeune).

895. Le Bal masqué. — Le Festin royal. Deux pièces.

Très-belles épreuves.

NATOIRE et AVELINE.

896. Les Saisons. Suite de quatre pièces.

Très-belles épreuves.

NÉE.

897. Vue de la chambre de Voltaire à Ferney, d'après Duché. Epreuve avant la lettre. — Monument projeté à la gloire de J.-J. Rousseau. Deux pièces faisant pendants.

Très-belles épreuves.

PATER (D'après).

898. Le Glouton, gravé par Filloeul.
Belle épreuve.

PORPORATI.

899. Le Coucher, d'après J. Vanloo.
Superbe épreuve avant toutes lettres.

900. La même estampe.
Très-belle épreuve.

PRUD'HON (D'après).

901. L'Amour enchaîné, — le cruel rit des pleurs qu'il fait verser. Deux pièces gravées par Copia.
Superbes épreuves avant toutes lettres, seulement les noms d'artistes tracés à la pointe.

SAINT-AUBIN (D'après A. DE).

902. Tableau des portraits à la mode, gravé par Courtois.
Très-belle épreuve.

STRANGE (ROBERT).

903. Vénus, Danaë. Deux pièces d'après Titien.
Très-belles épreuves.

VANLOO (D'après J.)

903 bis. Le Coucher à l'italienne, gravé au bistre par I.....
Très-belle épreuve.

WATTEAU (D'après).

904. Le Passe-temps, gravé par B. Audran.
Très-belle épreuve.

905. Diane au bain, gravé par P. Aveline.
Très-belle épreuve.

906. Les Comédiens italiens, gravé à l'eau-forte par Watteau et terminé par Simonneau.
Très-belle épreuve avec l'adresse de Sirois.

VIGNETTES

907. RACINE. Suite de treize vignettes de Moreau, publiées par Renouard en 1805. Épreuves avant la lettre. La figure des plaideurs est avec la lettre.

908. La même suite. Epreuves avec la lettre.

909. Suite de treize vignettes, d'après Moreau, le portrait d'après Santerre, publiées par Renouard. Épreuves avant la lettre.

910. RACINE. Suite de treize figures d'après Desenne, gravées par Girardet.

911. —— Suite de treize vignettes de Girodet, Gérard-Prud'hon, Desenne pour le Racine d'Aimé Martin, édité par Lefèvre. Epreuves avant la lettre.

912. —— La même suite. Épreuves à l'état d'eau-forte, manque la figure de Bérénice.

913. —— Sept titres de volumes par Choffart, pour le Racine de Geoffroy, publié par Lenormant en 1807.

914. CORNEILLE. Suite de trente-cinq figures d'après Gravelot, pour les œuvres de Corneille.

915. BOILEAU. Suite de douze pièces dont deux portraits, d'après Vernet, Hersent et autres. Épreuves avant la lettre.

916. —— Suite de neuf vignettes, gravées d'après Fortin, par Girardet, pour le Boileau de Didot. In-fol.

917. —— Suite de six vignettes d'après Moreau et le portrait de Augustin de Saint-Aubin. Épreuve avant la lettre.

918. —— Suite de six vignettes d'après Desenne et le portrait d'après Rigaud. Épreuves avant la lettre.

919. La même suite. Épreuves à l'état d'eau-forte. Manque le portrait.

920. REGNARD. Treize vignettes pour les œuvres de Regnard, d'après les dessins de Desenne. Épreuves avant la lettre, sur chine, six sont doubles, en tout dix-neuf pièces.

921. BOCCACE. Suite de huit figures d'après Marillier et autres, pour l'édition de Mirabeau, 1812. Manque une figure.

922. MOLIÈRE. Suite complète de trente vignettes, d'après Moreau, et le portrait de Molière, pour l'édition publiée par Renourd en 1819. Épreuves avant la lettre.

923. La même suite. Épreuves avec la lettre.

924. MANON-LESCAUT. Suite de huit vignettes, de Lefèvre, pour l'édition de Didot en 1797.

925. —— Figures de Desenne. Épreuves avant la lettre, à l'eau-forte et avec la lettre. Six pièces.

926. Suite de soixante-quatorze gravures d'après Freudeberg, pour l'Heptaméron de la Reine de Navarre. Épreuves avant la lettre.

927. Suite de neuf vignettes d'après Prud'hon et Gérard, pour Daphnis et Chloë.

928. CÉRONI. Collection de cinquante portraits, d'après les émaux de Petitot. Superbes épreuves avant la lettre sur chine.

GRAVURES & PORTRAITS MODERNES

CALAMATTA (L.).

929. Portrait de Ingres, d'après lui-même.
Très-belle épreuve.

930. Madame George Sand. In-fol.
Très-belle épreuve.

DESCLAUX.

931. Les Moissonneurs, d'après Léopold Robert.
Très-belle épreuve avant toutes lettres, sur chine.

DIEN (F.).

932. Le Père Lacordaire, de l'ordre des frères prêcheurs, d'après Flandrin.
Très-belle épreuve.

933. Le même personnage.
Épreuve avant toutes lettres.

DUPONT (M. Henriquel.).

934. Mademoiselle Rachel, d'après Lehmann.
Très-belle épreuve sur chine.

DUPONT (M. Henriquel) et BLANCHARD.

935. Les portraits des papes Grépoire XVI et Pie IX. Deux pièces.
Très-belles épreuves.

DUPONT (M. Henriquel). Portraits gravés sous sa direction.

936. Galerie de portraits pour servir à l'histoire de Louis XVII, par M. A. de Beauchesne. Six pièces.
Très-belles épreuves avant la lettre.

FLAMENG (L.).

937. La Source, d'après Ingres.
Très-belle épreuve axant toutes lettres, sur chino.

938. Antiochus et Stratonice, d'après Ingres.
Très-belle épreuve sur chine.

FORSTER (F.).

939. Les trois Grâces, d'après Raphaël.
Très-belle épreuve avant la lettre, portant le n° 86

GARNIER.

940. Charles X, roi de France, d'après Gérard.
Très-belle épreuve avant la lettre, sur chine.

INGRES.

941. Odalisque.
Très-belle épreuve.

MEISSONIER.

942. Le petit Fumeur.
Très-belle épreuve sur chine.

943. Le Polichinelle debout.
Très-belle épreuve.

MEISSONIER (D'après).

944. Le Liseur. — le Sergent recruteur. Deux pièces gravées
par Hédouin et Ch. Carey.
Très-belles épreuves sur chine.

MERYON (Gh.).

945. Partie de la cité de Paris vers la fin du xviie siècle, etc.
Très-belle épreuve.

METZMACHER.

946. Portraits du Saint-Père le Pape, — du roi et de la reine de Naples.

Très-belles épreuves sur chine.

RAJON.

947. Portrait de Saint-Just.

Belle épreuve du premier état, avant toutes lettres.

SOUMY.

948. Jésus portant sa croix, d'après Le Sueur. Épreuve sur chine.

SUDRE.

949. L'Odalisque et Angélique. Deux pièces d'après Ingres.

Très-belles épreuves.

LIVRES SUR LES ARTS

930. BARTSCH (Adam). Le Peintre-graveur par Adam Bartsch. Vienne, de l'imprimerie de J. V. Degen, 1808-1821. Vingt et un vol. in-8, cartonnés, les cinq premiers volumes sont de l'édition de Leipzig, 1854.

951. BARTSCH. Catalogue raisonné de toutes les estampes qui forment l'œuvre de Rembrandt et ceux de ses principaux imitateurs, composé par les sieurs Gersaint, Helle, Gomy et P. Yver. Nouvelle édition par Adam Bartsch. Vienne, 1797. Deux vol. in-8, vélin.

952. BASAN. Dictionnaire des graveurs anciens et modernes, depuis l'origine de la gravure, par P. F. et H. L. Basan, père et fils, graveurs. Seconde édition, Paris, 1809. Deux vol. in-8, demi-rel. mar. r., non-rognés. Nombreuses figures ajoutées: Bel exemplaire.

953. BRULIOT. Dictionnaire des monogrammes, marque figurées, lettres initiales, noms abrégés etc., avec lesquels les peintres, dessinateurs, graveurs et sculpteurs ont désigné leurs noms, par François Bruliot. Munich. In-fol., demi-rel. veau.

954. ROBERT-DUMESNIL. Le Peintre-graveur français, ou catalogue raisonné des estampes gravées par les peintres et les dessinateurs de l'école française, par A. P. F. Robert-Dumesnil, Paris, 1835-1868. Dix vol. in-8, demi-reliure basane.

955. Le peintre-graveur français, continué... ouvrage faisant
suite au peintre-graveur français de Robert-Dumesnil,
par Prosper Baudicourt. Paris, 1859-1861. Deux vol.
in-8, demi-reliure, basane.

956. CLAUSSIN. Catalogue raisonné de toutes les estampes qui
forment l'œuvre de Rembrandt et des principaux élèves,
composé par les sieurs Gersaint, Helle, Glomy et P. Yver.
Nouvelle édition par le chevalier de Claussin. Paris,
1824-1828. Deux vol. in-8, demi-rel. mar. rouge.

957. DUCHESNE. Description des estampes exposées dans la
Galerie de la Bibliothèque impériale, attribuée au cabinet
depuis l'année 1854, et formant un aperçu historique
des produits de la gravure, par Duchesne aîné. Un vol.
in-8, demi-rel. veau.

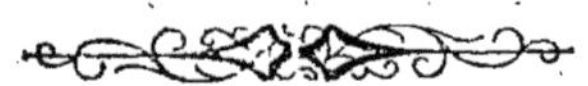

www.ingramcontent.com/pod-product-compliance
Ingram Content Group UK Ltd.
Pitfield, Milton Keynes, MK11 3LW, UK
UKHW022059070726
13613UKWH00002B/865

9 782019 307844